홍여울 흐르는 소리

홍여울 흐르는 소리
함께 흘러온 홍성여고 혁신학교 10년의 이야기

초판 1쇄 인쇄 2025년 11월 21일
초판 1쇄 발행 2025년 12월 5일

지은이 홍성여자고등학교
펴낸이 김승희
펴낸곳 도서출판 살림터

기획 정광일
편집 송승호·이희연·조현주
디자인 유나의숲

인쇄·제본 (주)신화프린팅
종이 (주)명동지류

주소 서울 양천구 목동동로 293, 2215-1호
전화 02-3141-6553
팩스 02-3141-6555

출판등록 2008년 3월 18일 제313-1990-12호
이메일 gwang80@hanmail.net
블로그 https://blog.naver.com/salimterbook
한국교육연구네트워크 https://www.kednetwork.or.kr

ISBN 979-11-5930-342-5(03370)

함께 흘러온 홍성여고 혁신학교 10년의 이야기

홍여울 흐르는 소리

홍성여자고등학교 지음

살림터

올해로 홍성여고가 충남 혁신학교로서 걸어온 지 꼭 10년이 되어, '마침보람'의 순간을 앞두게 되었습니다. 돌이켜보면 '혁신'이라는 이름 앞에서 많은 이들이 설렘을 느낀 반면, 두려움을 느낀 이들도 있었습니다.

'혁신학교'라는 거창한 간판은 달았지만, 과연 새로운 시도와 변화가 이루어질 수 있을까, 아이들이 중심이 되어 진정한 배움이 일어나는 수업이 가능할까, 학부모와 지역사회가 함께하는 학교가 될 수 있을까 하는 질문과 걱정을 안고 시작했습니다. 그러나 지난 10년 동안 아이들과 선생님들, 그리고 학부모와 마을이 함께 써 내려간 이 이야기는 분명한 답을 주었습니다. 혁신은 불가능한 것이 아니고, 또 여전히 현재진행형이라는 것을요.

교실 안에서의 작은 물결은 어느새 모여 큰 흐름을 이루었습니다. 학생들은 주어진 답을 외우는 대신 스스로 질문하고 탐구하며, 서로의 이야기를 귀 기울여 듣는 법을 배웠습니다. 수업은 더 이상 '가르치는 시간'만이 아니라 '함께 배우고 성장하는 시간'이 되었고, 교사들은 학생들로부터 배움의 기쁨을 새롭게 발견했습니다. 그 과정에서 학생들은 서로 부딪히고 어우러지며 '여울'처럼 빛나는 흐름을 만들어냈습니다.

또한 혁신학교의 길은 학교 울타리를 넘어 마을과 지역으로 이어졌습니다. 지역 주민들과 함께하는 프로젝트, 학부모와 손잡고 꾸린 활동들은 학교를 따뜻하게 채우는 힘이 되었습니다. 교실에서 시작된 작은 울림이 마을로 퍼져 나가며, 교육이란 결국 '사람과 사람이 만나 서로를 변화시키는 일'임을 다시금 깨닫게 해주었습니다.

이 책은 그 여정을 함께 걸어온 학생들의 활동과 체험, 교사들의 고민과 성찰, 학부모와 지역사회의 동행을 담은 기록입니다. 작은 여울물이 모여 강을 이루고 바다로 나아가듯, 지난 10년의 우리 이야기는 새로운 희망의 바다로 흐름을 만들어가고 있음을 믿어 의심치 않습니다.

'홍여울 흐르는 소리'라는 제목에는 그러한 작은 바람이 담겨 있습니다. 홍성여고 학생들이 함께 일궈낸 작은 여울들이 모여 더욱 깊고 힘찬 강물이 되기를, 그리고 그 흐름이 앞으로의 10년을 향해 더 멀리, 더 넓게 흘러가기를 소망합니다. 책 속의 이야기가 교육을 사랑하는 모든 분께 따뜻한 위로와 작은 영감이 되기를 바랍니다.

홍성여고 교육 가족 일동

1부

처음, 작은 물결이 시작되다

행복나눔학교에서 충남혁신학교까지: 그 시작의 이야기 — 혁신학교의 시작

학교 교육 목표와 비전

학교 비전

큰 꿈 꾸며 더불어 성장하는 행복한 학교

◆ 큰: 학교가 속한 지명인 대교리(大校里)　◆ 꿈: 작은 꿈이 모여 큰 꿈을 이루려는 의지
◆ 더불어: 경쟁이 아닌 협력　　　　　　　　◆ 성장: 성적이 아닌 성장하는 학교
◆ 행복: 혁신학교, 교육공동체의 행복

교육 지표

미래 핵심 역량을 갖춘 창의 인재 육성

교육 목표

아름답고 창의적인 삶을 가꾸는 행복한 배움터

학교상	• 투명하고 청렴한 학교 • 소외된 학생이 없는 학교 • 지역사회가 신뢰하는 학교 • 민주적으로 운영되는 학교
학생상	• 배움으로 성장하는 학생 • 소통과 협력을 실천하는 학생 • 나눔과 배려를 통해 더불어 사는 학생 • 자신의 삶을 건강하게 가꾸는 학생
교사상	• 민주적 협의 문화를 만들고 협력하는 교사 • 학생과 더불어 배우고 성장하는 교사 • 전문성 신장으로 신뢰받는 교사 • 학생의 꿈을 존중하고 지원하는 교사
학부모상	• 자녀의 성장을 지원하는 학부모 • 학교교육활동을 신뢰하고 참여하는 학부모 • 모든 학생을 내 자녀처럼 아끼는 학부모 • 학교와 더불어 성장하는 학부모

앞 페이지의 '표'는 2016년 혁신학교(당시 명칭 행복나눔학교) 도입을 앞두고 마련한 홍성여고의 교육 목표와 비전이다. 혁신학교를 준비하며 학교 구성원 모두가 꿈꾸던 지향점이기도 했다. 혁신학교를 운영한 지 어느덧 10년이라는 시간이 지나, 마침표를 찍는 순간을 앞두고 있다. 이 기록물을 통해 홍성여고의 지난 10년을 돌아보고, 우리가 어떻게 흘러왔으며, 우리가 세운 교육 목표와 비전을 어느 정도 이뤄냈는지 살펴보고자 한다.

이전의 홍성여자고등학교는?

홍성여고는 오랜 역사 속에서 전통을 지켜온 지역 명문 여학교다. 비평준화 지역이라는 특수성 속에서도 지역사회로부터 두터운 신뢰와 기대를 받아왔고, 성적이 우수한 학생들이 매년 곳곳에서 모여들었다. 이들은 학교에서 높은 학업 성취를 이루었고, 그 성취는 우수한 진학 결과로 이어졌다. 학생 선발과 교육 그리고 결과가 이어지는 선순환 구조가 오랫동안 유지되었고, 지역사회로부터 인정받는 명문 학교로서의 입지를 탄탄히 다져왔다.

왜 혁신학교였을까?

2014~15년 당시 홍성여고는 '주변 교육 환경 변화'로 학교 교육 방침에서도 변화가 불가피했다. 인근 남학교가 남녀공학으로 전환됨과 동시에 신도시 이전이 확정됨에 따라 여학생들의 고등학교 선택권이 확장되었고, 홍성여고와 함께 지역사회에서 입지가 굳건한 남학교가 남녀공학과 신도시라는 지리적인 이점을 갖게 되며 입학생들의 성적 하락은 피할 수 없다고 판

단했다. 이에 홍성여고의 교육 환경 변화에 대한 당위성이 제기되었고, 그 대안으로 제시된 것이 '혁신학교'다. 물론 처음부터 이런 변화의 움직임에 모두가 힘을 모아준 것은 아니다. 학교의 변화를 추구하는 목소리가 내부에서 나오기 시작했고, 이런 움직임은 생각이 다른 교사들과의 대화를 필요로 하게 되었다. 혁신학교로 나아가기 위한 기반 마련과 운영 준비 과정은 우여곡절의 연속이었다. 그러나 교육의 본질을 다시 묻고자 했던 노력은 점차 동력을 얻었고, 결국 변화의 첫걸음을 내딛게 되었다.

혁신학교를 통해 홍성여고가 나아가고자 한 방향

1) 수업에 미칠 영향

2015년 혁신학교 신정과 함께 혁신학교 운영의 기본 체세로 '수업 혁신'이라는 방향성을 상정했다. 입시를 위한 주입식 교육을 지양하고, 학생들의 전인적 능력 향상을 이끌며, 대학 및 사회에의 적응력 향상을 이끌어내어 미래 핵심인재 양성 면에서의 성장을 기대했다. 배움 중심 수업과 학생 자치 활동을 활성화함으로써, 농촌 지역 학생들의 자기 표현력과 자존감을 높이는 데 큰 역할을 할 것으로 기대되었다. 이는 수업 방식 변화만이 아니라, 학생 개개인의 주체성과 역량을 끌어올리는 교육 본연의 목적에 더 가까이 다가가는 과정이라 판단했다.

2) 교직 사회에 미칠 영향

홍성여고가 속한 지역은 교사들의 타 시·군 이동이 적은 편으로, 변화에 대한 인식이 다소 낮은 편이었다. 그러나 혁신학교 운영은 교사들 사이에 새로운 담론을 형성하게 했고, 학교 교육에 대한 관점 전환의 계기가 되었다. 교사들 간 소통과 협력 문화가 자리 잡기 시작했고, 혁신 마인드를 지닌 교사들이 점차 늘면서 학교 분위기도 바뀌기 시작했다.

3) 모델로서의 파급 효과

홍성여고는 지역에서 전통적인 명문 학교라는 인식이 강한 학교다. 그런 학교에서 혁신학교 운영이 성공적으로 이루어진다면, 혁신학교가 단순한 대안학교가 아니라 공교육 안에서 충분히 실현 가능한 미래형 학교라는 인식이 확산할 수 있으리라 생각했다. 또한 지역 사회와 유기적으로 연결된 학교 운영은 상대적으로 낙후된 농촌 지역의 교육 환경을 개선하고, 학교에 대한 신뢰 회복에도 기여하게 된다. 홍성여고의 사례는 하나의 학교 변화에 머물지 않고, 지역 교육 전반에 긍정적 파장을 일으킬 수 있는 중요한 이정표가 될 수 있으리라 생각했다.

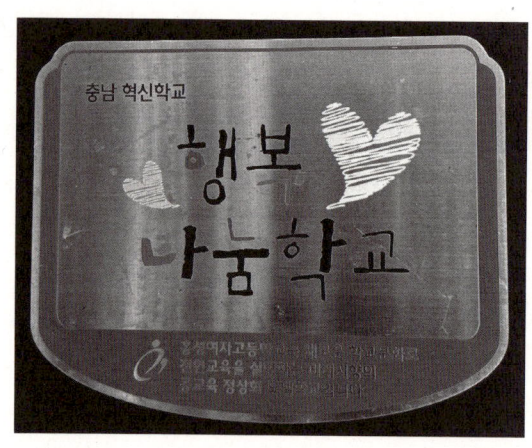

혁신학교 도입과 시작

※ 2012~18년 본교에서 근무하신 백승구 현 덕산고 교감선생님의 말씀을 바탕으로 했습니다.

1) 2015년, 고민과 결정

2015년 충남교육청에서 혁신학교 2기 모집 소식이 전해졌다. 혁신학교 도입에 대한 목소리에 당시 교장선생님은 마냥 긍정적이지는 않았다. 그러나 적어도 혁신학교를 공부하고 다른 학교의 사례를 벤치마킹해보자는 몇몇 교사들의 설득에는 동의하셨다.

많은 교사가 고등학교에서 혁신학교가 가능할지 의문스러워했다. 하지만 경기도와 서울의 사례를 보고 들으며 '불가능한 일만은 아니다'라는 희망이 조금씩 생겨났다. 버스를 대절해 경기 지역 학교를 방문하기도 했고, 서울에서 근무 중인 선생님을 초청해 이야기를 듣기도 했다. 마침 대학입시 제도가 정시 중심에서 수시 중심으로 바뀌면서 학생부의 중요성이 커지던 때였다. 학생들의 자율성을 살리는 교육이 입시와도 연결될 수 있겠다는 판단이 있었다. '민주적이고 자율적인 학교를 만들면서 입시에서도 성과를 낼 수 있다면, 이 길도 충분히 의미가 있다'는 생각이 들었다.

물론 처음부터 모든 교사가 적극적으로 찬성한 것은 아니다. 찬성하면서 내심 반대하는 분들도 있었고, 특히 연배가 높은 선생님들은 낯설고 불편해하셨다. 그렇지만 당시 홍성여고가 처한 상황을 헤쳐갈 뚜렷한 방법이 없다는 공감대가 형성되면서 결국 교직원들의 동의를 얻어 혁신학교 지원서를 제출할 수 있었다.

2) 2016년, 위대한 첫걸음

2016년, 본격적인 혁신학교 1년 차를 시작했다. 무엇보다 중요한 것은

혁신을 이끌어 갈 교사 집단을 꾸리는 일이었다. 교무부를 교무혁신부로 개편하여 교무 업무와 혁신 업무를 함께 맡게 되었다. 그 무렵 90년대 학번의 젊은 교사들이 학년부장과 교무혁신부에 포진하면서 학교 분위기는 한층 활기를 띠게 되었다. 이전까지는 70년대 학번 선생님들이 교장, 교감, 교무부장을 맡아 학교를 이끌어왔는데, 세대교체가 이루어진 셈이다.

혁신학교 운영에서 가장 먼저 시도한 것은 민주적인 협의 문화를 만드는 일이었다. 매주 월요일에 하던 교무회의를 없애고, 전 교직원이 참여하는 교직원회의로 바꾸었다. 장소도 교무실을 벗어나 넓은 회의실이나 교실에서 진행했다. 안건을 미리 공유하고, 토론이 필요하면 토론하며, 간단한 안건은 설문 방식으로 처리하는 등, 회의 문화를 바꾸어 갔다.

교사들의 성장을 돕기 위해 '전문적 학습공동체'도 조직했다. 이름하여

'홍어울(홍성여고 울림)'. 선생님들이 모여 책 읽고 토론하며, 자발적으로 수업을 공개하고 피드백을 나누는 자리다. 학교 안에서 새로운 기운이 차츰 자라나기 시작했다.

학생들의 자율성 확대도 중요한 과제였다. 특히 두발과 복장 문제는 교사와 학생 모두에게 불필요한 소모를 가져온다고 판단했다. 학생회 주도로 두발 규제를 논의하는 '다모임'을 열고 학생들이 의견을 모았다. 완전 자유를 요구하기도 했지만, 일정한 선을 긋는 모습도 보였다. 중요한 것은 학생들이 자기 문제를 스스로 논의하고 결정하는 경험을 했다는 점이다.

2016년 여름, 당시 교장선생님의 정년퇴임이 다가오면서 새 교장 부임이 큰 과제가 되었다. 당시 도교육청에 "혁신학교를 안정적으로 운영하려면 민주적인 리더십을 갖춘 교장선생님이 필요하다"는 뜻을 전달했고, 그 결과 9월, 인근 중학교에서 근무하시던 유병대 교상선생님이 우리 학교에 부임하셨다.

유 교장선생님은 권위를 내세우지 않으셨다. 오히려 직접 학교 홍보를 맡아 주시며, 민주적인 학교 만들기와 학생자치 실현을 위해 힘쓰셨다. 그때부터 홍성여고 혁신학교는 조금씩, 그러나 분명하게 새로운 길을 걷기 시작했다.

소통의 향기로 창의적인 혁신학교 운영

유병대(전 충남교육연수원장, 2016~2017년 본교 교장)

1. 혁신학교 시작 및 운영 소회

21세기를 선도하는 유능한 여성 인재의 산실인 서해안 명문 홍성여고가 혁신학교를 일군 지 10년이라니, 혁신학교 운영 초대 교장으로 감회가 새롭고 축하하는 바다. 사실 혁신학교는 2016년 3월에 선정되며 시작되었고, 나는 2016년 9월 1일 자로 부임하여 왜 혁신학교를 도입하게 되었는지 정확히 알지 못했다. 그럼에도 당시 함께 근무했던 선생님들의 기억과 내가 부임하여 '아, 이런 연유로 혁신학교를 신청했구나' 하는 생각을 기록하고자 한다. 10년 전 일이라 사실과 다소 다를 수 있는 점, 양해 바란다.

2. 혁신학교 도입의 필요

유능한 여성 인재 모집의 어려움

1953년 홍성여고 개교 이래 최대의 위기가 찾아왔다. 60년 이상 서해안 최고 명문으로 성장해 온 홍성여고. 그러나 내포신도시가 형성되고 인근 남학교가 내포로 옮겨가면서 2016년부터 남녀공학으로 학생을 모집하게 된 것이다. 인근 남학교 역시 자타가 공인하는 서해안을 대표하는 명문고라 홍성여고로서는 많은 우수 여학생 인재 유출이 심히 우려되었다. 손 놓고 마냥 쳐다보고 있을 수는 없었다. 동문, 학부모 및 지역사회에서도 걱정의 목소리가 컸고, 특히 재학생들도 '이러다 우리 학교가 명문 여고 자리를 뺏기는 게 아닌가' 하는 우려 섞인 술렁임도 생겨났다.

교직원들은 이런 걱정을 불식하고자 연일 모여 토론하고 협의하며 해결 방안을 모색했다. 마침 충남교육청은 2015년부터 혁신학교 제도를 도입하여 행복나눔학교라 명명하고 공개 모집을 했다. 교직원들은 난상토론을 거쳐 홍성여고가 더욱 성장할 수 있는 길은 혁신학교 신청이라 결론을 맺고 신청하게 되었다. 과연 성공할 수 있을까?

수시전형 확대에 따른 농촌 지역 학교의 위기 타개

홍성여고는 전통적으로 대입 농어촌특별전형에서 두각을 나타내는 학교다. 이 제도를 이용하여 많은 학생이 서울에 있는 대학교, 이른바 인서울 혜택을 보았다. 특히 농어촌특별전형은 대부분 대학이 정시에서 수능 성적으로 학생들을 선발했다. 홍성여고는 읍 단위 학교이고 서해안 우수 인재의 산실이기에 수능 성적을 올려서 정시에서 농어촌특별전형으로 진학하고자 하는 입시 상담 및 지원이 주를 이뤘다. 그런데 정부의 정책으로 수시전형이 확대되고 농어촌특별전형도 수시전형으로 옮기는 대학교가 늘면서 수능 성적보다 학교생활기록부를 중요시하게 되었고, 홍성여고의 진학률도 떨어질 수 있다는 위기감이 고조되었다. 따라서 학교생활기록부에 학생들의 활동을 많이 기록해야 하고, 그러려면 학생들의 많은 교과활동, 창의적체험활동이 필요하게 되었다. 이런 활동에는 예산이 필요하고, 효율적인 활동 프로그램을 위해서는 학생, 학부모, 교사가 서로 소통하며 만족하는 혁신학교 운영이 이를 뒷받침할 수 있다는 판단으로 혁신학교를 신청하게 되었다.

학생이 주인 되어 자부심을 심는 참학력교육과정 필요

홍성여고는 인근 상위권 학생들이 입학하며 학교에 대한 자부심이 강하고, 성취욕구도 강해서 자기주도적 학습력이 우수하다. 게다가 대체로 기본적인 생활습관이 바르게 형성되어 있어 학생들이 인성이 바르다. 하지만 경쟁학교인 인근 남학교가 남녀공학으로 바뀌면서 위축되고 사기가 많이 떨어져 있었다. '서로 소통하고 공감하며 학생들이 자율적으로 자치역량을 키우며 창의적으로 끼를 살리는 체험활동 및 다양한 학생 참여형 수업 실천을 통한 참학력교육과정 운영으로 위축된 학생들의 자부심을 심어주는 것'이 무엇보다 필요하다는 판단으로 교직원들은 혁신학교를 신청하게 되었다.

교직원에 대한 지역사회 인식의 변화

2016년 당시 홍성여고는 적절한 교사 성비 구성으로 학교활동이 다양하게 구현되고, 경력별 고른 교원 분포로 학생 생활지도 및 학습지도의 연계가 잘 이루어지고 있었다. 그러나 지역사회에서는 '인근 학교에 비해 대학진학의 질이 떨어지는 것은 홍성여고 교직원들의 적극적인 지도 결핍으로 인한 것'이라는 오해가 있었다. 사실 인근 학교는 일례로 동문회의 전폭적인 지원으로 해외체험, 장학금 혜택, 특화된 학습프로그램 전개가 가능하여 교직원들이 좋은 여건에서 지도하여 대학 진학의 질이 높다 할 수 있으나 홍성여고는 여건이 이에 미치지 못하는 점을 간과한 것이다. 홍성여고 교직원으로서는 상당히 억울한 측면이 있었다. 따라서 교직원들은 소통의 향기로 혁신학교 운영을 통해 학생들의 학력도 높이고 인성도 함양하여 지역사회의 편견을 불식시키려는 의도도 있었다.

3. 설렘과 감동의 혁신학교 운영

앞서 언급한 바와 같이 나는 2016년 9월 부임하여 2018년 3월 연수원장으로 발령받아 1년 6개월을 근무했다. 근무 당시의 혁신학교 운영 얘기를 펼쳐보고자 한다. 소통의 향기로 교육공동체 협의를 거쳐 고민한 끝에 2016년을 '조성기'로 정하여 혁신학교 비전 공유 및 실천 전략을 추진하고, 2017년은 '정착기'로 정하여 혁신학교 정착을 위한 노력을 했다. 특히 효율적인 혁신학교 운영을 위해 담임 업무 배제로 운영 체제 혁신을 통해 배움 중심 수업 혁신, 학생성장발달 책임 교육 구현, 문·예·체 교육 활성화에 주안점을 두었다. 당시 담임 업무 배제에 대해서는 많은 진통이 있었고 추진 과정에도 장단점 등 어려움이 있었다. 짧은 근무를 한 나로서는 평가하기 어렵지만, 당시 교직원들의 고뇌의 흔적이라 할 수 있다. 나의 재임 중 혁신학교 운영에 기억에 남는 프로그램을 소개한다.

배움 중심 수업 혁신

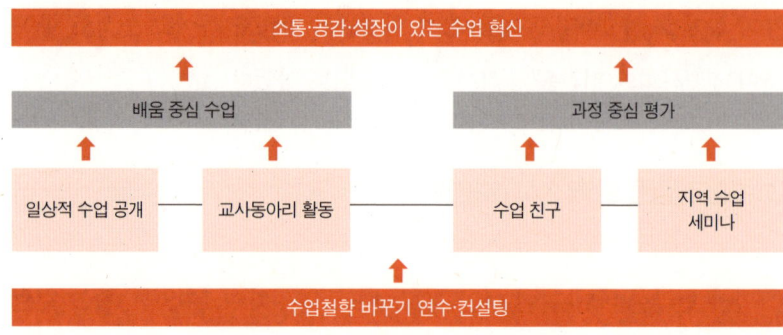

혁신학교 운영을 위한 가장 중요한 과제로 배움 중심 수업 혁신을 운영했다. 소통·공감·성장이 있는 수업 혁신을 기조로 지식 전달 위주의 강의식·주입식 수업의 한계를 극복하고, 수업을 통해 소통하고 공감하는 방법을 배우며 교사·학생의 공동 성장을 도모했다. 이를 위해 고교에서는 부담이 가지만 서로 마주 보는 'ㄷ'자형 자리 배치를 하고, 배움 중심 수업 학년을 1, 2학년으로 확대하고, 배움의 공동체, 토론, 거꾸로, 프로젝트 수업 등 활동이 있는 수업을 했다. 수행평가는 과제 중심 평가를 지양하고 과정 중심 평가를 도입하며, 수업 시간 중 수행평가 실시로 학생부담을 최소화하기 위해 힘썼다. 위 도표로 제시한 수업혁신 흐름도를 참고하기 바란다.

전국이 감동한 4·16 세월호 추모 행사

혁신학교 운영으로 배움 중심·학생 중심 교육과정은 물론 학생 의견을 적극 수렴하고 검토·반영하여 학생들이 학교생활에 만족하며 자부심이 하늘을 찔렀다. 2016년 10월 학생회장을 비롯한 간부들이 교장실을 찾아와서 학생의 날 행사로 세월호 추모 행사를 하겠다고 했다. 당시 정부하에서 학교에서 이런 행사를 하는 것이 무척 부담되었지만 나는 칭찬하며 고맙다고 했다.

11월 3일, 운동장에서 전교생이 참여하는 플래시몹이 펼쳐지고 학생들은 〈천 개의 바람이 되어〉를 부르며 수많은 노란 리본에 모두 울음바다가 되었다. 나는 감동의 글을 페이스북에 올렸고, 이를 본 세월호 유가족이 교육감님을 통해 감사의 뜻을 표하며 2017년 4월 10일 세월호 합창단이 학교를 방문하겠다는 뜻을 전했다. 학생들은 방문에 대한 보답으로 세월호 추모 주간을 정하여 정성스레 준비한 추모 글과 그림을 전시하며 아픔을 공감하고 함께 나누고자 했다.

하지만 4월 10일 세월호가 인양되어 합창단 방문은 연기되었다. 그러나 전교생은 예정대로 눈물로 플래시몹 퍼포먼스를 진행했다. 전국이 감동했다. 도교육청 페이스북에 올린 동영상에 하루 만에 1만 2000명이 공감하고 언론과 유명인들의 칭찬이 이어섰다. 실로 학교 사랑 나라 사랑 최고의 소녀들이었다. 이 행사는 홍성여고의 연례행사로 자리 잡았다.

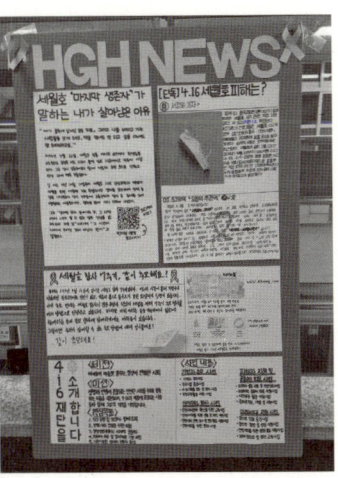

교육멘토링 참학력 특공대

배움 중심 수업에 단련된 홍성여고 학생들은 당시 매년 30여 명 이상이 교원이 되고자 교대, 사대 등으로 진학했다. 교원이 되려는 학생들에게 진로진학 활동 기회를 주고 우리 지역 초·중학교 학생들에게 교육 봉사 기회를 제공하는 방안을 고민했다. 이에, 홍성군 내에서 가장 먼 거리에 있는 서부면 서부초등학교, 홍성서부중학교와 연계하여 1, 2학년 22명으로 참학력 특공대(**특**별하게 **공**부해서 **대**학 가는 소녀들)를 조직하게 되었다.

한 달에 한 번씩 방문하는 서부초, 서부중학교는 활기가 넘친다. 모두가 즐거운 가족이다. 소통의 향기가 피어난다. 함께 공부하고 게임하고 식사하고… 시간은 너무 빨리 지나간다. 헤어질 때는 울음바다가 된다. 2017년 조직된 참학력 특공대의 활약은, 내가 연수원장으로 자리를 옮긴 뒤 들은 바로는 그동안 교대 진학이 가물에 콩 나듯 했으나 2019학년도 대학입시에서 6명이 합격하고 많은 사대 진학자를 배출했다고 한다.

4. 성과

혁신학교의 일환인 학생중심 교육과정 지원체제와 운영으로 교육공동체 만족도가 90% 이상으로 나타나고, 토론으로 소통하는 민주적 학생 교육활동 지원 체제를 구축하여, 2016 학교업무 정상화 교육부 장관 표창을 받았다. 세월호 추모 행사로 전국적인 감동의 물결을 출렁이게 하고, 통일선도학교 운영, 소녀상 건립 동참, 전교생 정신요양원 봉사활동, 농어촌 초·중등학생을 위한 참학력특공대 등 학교특색 교육과정 운영으로 2017년에는 전국 100대 교육과정 우수학교로 당당히 선정되는 등, 괄목한 성장과 발전을 이루었다. 학생들의 대학 진학 성과도 달라져 SKY 대학을 비롯한 명문 대학 진학은 물론 교·사대 합격생 증가, 수시입학전형 합격생 대폭 승가 등, 실로 서해안 최고의 명문 여고로 발돋움했다. 이는 혁신학교 운영을 위해 소통의 향기로 헌신해 준 교직원들의 노력과 땀의 결과다. 홍성여고에서 교장으로 근무한 것을 교직에서 최고의 영예로 생각하며 홍성여고의 발전을 기원한다.

민주적 회의 문화로
함께 만들어가는 학교 혁신

　홍성여고의 지난 10년은 수업 변화에 그치지 않고, 학교를 이루는 모든 구성원이 모여 마음을 나누고 의견을 나누는 민주적 소통의 문화를 만들어 온 시간이었다. 교사와 학생, 학부모가 서로의 목소리에 귀 기울이며 학교의 길을 함께 그려가는 과정은 학교 혁신의 또 다른 축이었다. 교실에서의 변화가 아이들의 배움과 성장을 바꾸었다면, 회의 문화의 변화는 학교 공동체의 마음을 한데 모으는 힘이 되었다.

　처음에는 주 1회 부장교사 중심 교무회의가 학교 운영의 중심이었다. 그러나 특정 교사들에게만 의사 발언권이 집중되고 회의 결과가 잘 공유되지 않는다는 지적이 있어 모든 교사가 모이는 시간대를 마련했다. 본동 교무실이나 넓은 회의실 등을 장소로 정하고 전 교원이 모여 한 주간의 일정과 교육과정 추진 과정에 필요한 논의거리들을 공유했다. 매주 얼굴을 맞대고 인사를 나눈다는 의미와 의견 공유 측면에서는 어느 정도 성과가 있었지만, 수업 준비와 학생들의 출결 관리 등 시간적 제약이 컸다.

　이에 학교는 개선점을 고안했다. 한 달에 1~2회, 모든 교사가 함께하는 전체 교사협의회(교사 다모임)를 마련했다. 보통 수요일 6교시까지만 수업을 하고 학생들이 하교하는 날이면 오후 1시간 정도는 교사들이 모여 학교의 여러 사안을 이야기했다. 전체가 함께 모여 논의하기도 하고, 연령대나 학년, 교과별로 소그룹을 이루어 깊이 있는 이야기를 나누기도 했다. 이 자리에서는 학교 비전과 학생자치, 교육과정 평가, 교내 시설 개선 등 학교의 현재와 미래를 두루 아우르는 주제를 다뤘다. 모든 교사가 동등한 입장에서 의견을 나누며 함께 결정하는 과정을 통해 수평적인 협의 문화가 차츰 자리 잡아갔다.

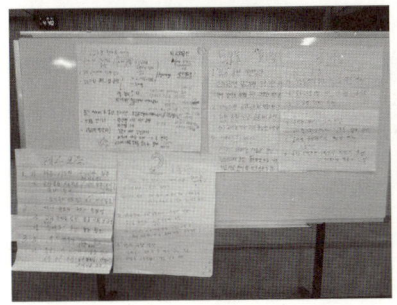

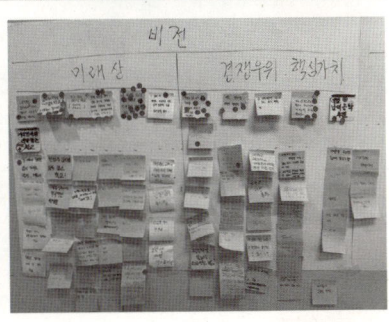

〈2021학년도 1학기 교사 다모임 협의 주제〉

날짜	협의 주제
3.2.(화)	인사자문위원회 선출 교직원 회의 시간 운영: 매월 2, 4주 수요일 7교시 **전문적 학습공동체 운영 방안 협의(실태와 개선 방안)** 창의적 체험활동 시간 배정 및 일정 검토
3.10.(수)	임명장 배부 **전문적 학습공동체 운영 방안 협의** **학급별 특색 활동 확대 방안 — 학급운영계획서 작성** 학사 일정 검토 및 환류
3.24.(수)	**코로나19 방역 관련 역할 분담** 학업성적 관리규정, 생활기록부 관련 연수 학교협동조합 가입 안내 학교장 청렴 교육
4.7.(수)	아동 학대 예방 및 신고 의무자 교육 환경교육 연수 1회고사 선택과목 시행 방안 협의 **5월 체육대회/ 직업탐색의 날 운영 방안 협의**
4.21.(수)	교육활동 침해 예방 연수 교직원 대상 장애인식교육 1회고사 부정행위 예방 연수
5.12.(수)	생명존중 및 자살예방교육 **1학기 공개수업 및 수업나눔 안내**
6.9.(수)	**그린스마트 미래학교 사업을 위한 기능 및 사용성 파악 설문 조사** 학교폭력예방 교직원 연수
6.23.(수)	1학기 2회고사 부정행위 예방 연수 **여름방학 운영 방안 협의** 공휴일 대체휴일제 입법 예정에 따른 학사일정 조정 논의

1학기 교육활동(교육과정) 평가회
-사전 설문 조사 공유

7.15.(목)	번호	질문
	1.	우리 학교 〈2021 학교혁신 중점 추진 과제〉는 다음과 같습니다. 혁신학교 운영에 가장 필요하다고 생각하는 항목은 무엇인가요?
	2.	실제 혁신학교 운영과 관련하여 다소 미흡한 점이 있다면 무엇이라고 생각하나요?
	2-1.	그렇게 생각하는 까닭은 무엇인가요?
	3.	**다음은 1학기 교육활동 점검을 통해 2학기 교육활동에 반영하고자 설계된 문항입니다. 1학기 학교 행사 중, 학생들을 위해 2학기 때 개선이 필요하다고 생각되는 행사는 무엇인가요?**
	3-1.	선생님께서 선택하신 항목에 대한 아쉬움은 무엇이었는지 구체적으로 적어주세요.
	3-2.	선생님께서 선택하신 항목에 대한 아쉬움은 무엇이었는지 구체적으로 적어주세요.
	4.	2021학년도 역시 코로나19로 많은 교육활동이 취소되거나 미루어지고 있습니다. 어려운 상황이지만 방역수칙을 준수하면서 반드시 실시해야 할 교육활동은 무엇이라고 생각하시나요?

-**사전 질문 3번에 대한 모둠별 집중 토의 및 발표**

학생들도 학교의 중요한 주체로서 민주적인 의사소통의 흐름에서 활발히 참여했다. 학급회의와 학생자치대의원회의가 긴밀하게 연결되어, 학급에서 모인 작은 목소리들이 학교 전체의 목소리로 확장되었다. 연 4회 이상 운영되는 학생자치위원회와 연 2회의 전교생 다모임은 학생들이 학교의 현안을 논의하고 함께 해결책을 찾아가는 민주적 경험의 장이었다. 특히 교장-학생자치회 간담회는 매달 한 번, 학생들의 목소리와 학교장의 생각이 만나는 소중한 자리다. 교장은 학생들에게 전하고 싶은 바람과 격려를 이야기하고, 학생자치회는 전교생의 의견을 모아 교장에게 전달하며 서로의 생각을 주고받는다. 이렇게 쌓여 간 대화는 학교 문화를 조금씩 더 따뜻하게 변화시켰다.

학부모 역시 학교와 함께 걸어가는 동반자로서 뜻을 보탰다. 학부모 총회와 상담주간을 통해 자녀의 학교생활을 함께 논의하고, 연 3~4회 운영되는 학부모 아카데미에서 성장의 기회를 나누었다. 최근에는 모바일 설문을 활용해 학부모가 더 쉽게 의견을 전달할 수 있게 하여 참여의 폭을 넓혔다.

최근에는 온라인 플랫폼을 활용해 교사, 학생, 학부모의 의견을 수렴하고 회의 결과를 투명하게 공유하기 위한 새로운 시도도 이어지고 있다. 아직 완전하지 않지만, 모든 구성원이 함께 참여해 민주적인 절차로 학교의 길을 만들어가는 이 과정은 홍성여고가 지난 10년 동안 지켜온 소중한 자산이다.

민주적 회의 문화는 단순히 안건을 다루는 자리가 아니라, 서로의 생각을 나누고 마음을 이어가는 따뜻한 흐름이다. 그 흐름은 앞으로도 홍여울처럼 잔잔히 이어지며, 홍성여고가 더 넓은 바다를 향해 나아가도록 힘이되어 줄 것이다.

2부

학교 안에서 피어난 변화들

1장.
수업 혁신과 배움의 확장

'수업'은 학생에게는 배움의 시작이자 하루의 중심이고, 교사에게는 자신의 교육 철학과 노력이 담기는 자리다. 그래서 좋은 수업을 만들어가기 위해 교사들은 늘 성찰하고 도전하며 함께 고민한다.

홍성여고에서는 이런 고민을 나누기 위해 '여울림'이라는 전문적 학습공동체가 만들어졌다. 선생님들은 월 1~2회 주간이나 야간에 자발적으로 모여 수업을 이야기했고, 그 논의는 전 교사가 참여하는 수업 컨설팅으로 확장되었다. 수업을 보고 피드백하며 서로의 성장을 돕는 과정에서 홍성여고의 수업 문화는 점차 단단해졌다.

지금부터 소개할 이야기는 이런 흐름 속에 피어난 결과물들이다. 모든 교사가 함께 성장할 수 있도록 전학공 '여울림'을 이끌어 온 정대승 선생님 이야기, '여울림'에서 시작된 이예지 선생님과 김명종 선생님의 수업 실천 사례를 통해 홍성여고가 걸어온 수업 혁신의 길을 돌아보고자 한다.

배움이라는 페달을 밟고 함께 달려온 길, 여울림!

정대승(현 내포중 교감, 2014~2017년, 2021~2023년 본교 교사)

"혁신학교의 뿌리를 단단히 지탱해온 것은 교사들의 배움 공동체였습니다. 전문적 학습공동체 '여울림'의 기록은 교사들이 함께 배우고 나누며 어떻게 지속 가능한 혁신을 일궈왔는지 보여줍니다. 이 글은 그 결실을 차분히 되새기게 합니다."

첫 페달, 여울림의 탄생

2015년 4월 1일! 홍성여고의 변화를 이끌어낼 울림이 되고픈 15명의 마음이 모여 '여고 울림', 즉 '여울림'이 탄생했다. 수업 개선을 통해 교사의 수업 전문성을 신장하고, 이를 통해 학교 혁신을 주도해 보자는 의지에서였다. 백승구 선생님과 내가 대표와 총무를 맡고, 배움 중심 수업을 기본으로 월 1회 수업 공개와 수업 나눔을 확산하여 다양한 수업 방법을 연구하고 실천해 보자는 전략을 세웠다.

첫 수업 공개는 1학년 한국사를 담당한 백승구 선생님이었다. 4월 14일 6, 7교시로 기억되는데, 같은 수업을 반을 달리하여 연달아 열었다. 그래서 여울림 회원들은 본인의 수업 외 시간에 맞춰 참관할 수 있었다. 참관자를 배려한 놀라운 방법이었다. 그날 저녁 6시에 열린 첫 수업 나눔은 무척 인상적이었다. 아무도 배움 중심 수업의 의미와 방법을 정확히 몰랐기에 수업 나눔을 통해 그 길을 찾고자 노력했다. 〈배움중심수업 보기 도움자료〉를 바탕으로 협력학습과 모둠원 구성, 학습의 흐름과 학습지 구성, 발문과 학생들의 배움, 책상 배치 등 다양한 이야기를 생생하게 나누었다. 특히, 협력학습의 중요성을 언급하며 배움 중심 수업을 본인 교과에 어떻게 적용할지 고민하던 선생님들의 진지한 표정이 무척 감동적이었다. 이제는 10년을 훌쩍 뛰어넘은 어렴풋한 추억이 되었지만, 밤늦도록 배움 중심 수업에 대한 이야기꽃을 피워내던 아름다운 순간만은 잊을 수 없다.

두 번째 페달, 학년 중심 수업공동체

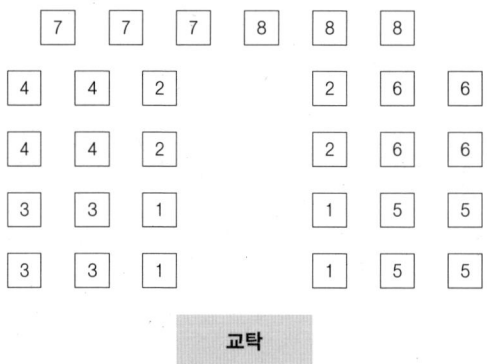

2016년 행복나눔학교(충남형 혁신학교) 지정과 동시에 홍성여고는 조직 개편에 들어갔다. 무엇보다 교육과정과 수업 중심의 업무 조직을 구성하고자 했고, 그중에서도 수업 조직을 탄탄하게 만들려고 노력했다. 전 교사를 대상으로 한 수업공동체도 좋지만, 학년 차원의 수업공동체를 시스템화하면 학생 중심, 배움 중심 수업의 조기 정착과 전 교사에게로의 확산이 가능하리라 판단했다. 논의 끝에 1학년부장으로 낙점된 내가 학년 차원의 수업공동체를 꾸려서 운영하게 되었다.

첫째 소임은 1학년 담임교사를 잘 꾸리는 일이었다. 어려운 담임 배정 속에서도 수업 변화에 뜻이 있는 교사를 모으는 일이 중요했다. 둘째는 학년 운영의 초점을 학생들의 배움에 두는 것이었다. 즉, 한 명의 학생도 소외되지 않고 수업에 주도적으로 참여하게 하여 배움의 경험을 맛보게 하는 일이었다. 그러기 위해서는 수업 방법 변화와 수업 공간 재배치가 필요했다. 1학년 6개 반의 교실 공간을 'ㄷ'자형 책상 배열로 구성하여 가운데에 교사가 들어가 학생들과 상호 교감하는 수업을 만들고자 했다. 쉽지는 않았다. 수능 중심의 강의식 수업에 익숙한 교사들과 학력 수준이 높은 일부 학생들의 반발과 원성이 빗발쳤다. 그때마다 "강의식 수업을 할 때는 원래대로의 일자형 책상 배치로 수업을 하면 된다."라고 설득했고, 학생들에게도 '자신만의 능력으로 세상을 앞서가는 시대는 지났다. 세상은 서로 협력하며 배움을 공유하는 인재를 원한다. 배움은 공부 잘하는 친구에게서만 얻을 수 있는 게 아니다.'라는 논리로 'ㄷ'자형 책상 배치의 정당성과 효율성을 외쳐댔다.

어찌 보면 대단히 무모한 도전이기도 했다. 일부 교사들의 반발이 생각보다 컸기 때문이다. 하지만 칼을 뽑았으니 휘둘러 보아야지 않겠나. 담임교사 중심의 1학년 수업공동체는 학년부장을 필두로 매월 수업 공개와 수업 나눔을 실천하며 반발하는 교사의 참여를 유도했다. 한 학기가 지나고 1년이 지날 즈음에야 일부 교사들이 우리의 열정을 알아주기 시작했다. 완벽한 동의는 받아내지 못했지만, 수업을 위해 노력하는 모습만큼은 존중

해 주는 듯했다. 이런 기운을 모아 우리는 2016학년도 중3 학생 대상의 고
입 입시 홍보에 다음과 같은 홍보를 시도했다.

학년말에는 1년 동안의 수업사례를 모아 〈수업활동 자료집〉을 펴내기도
했다.

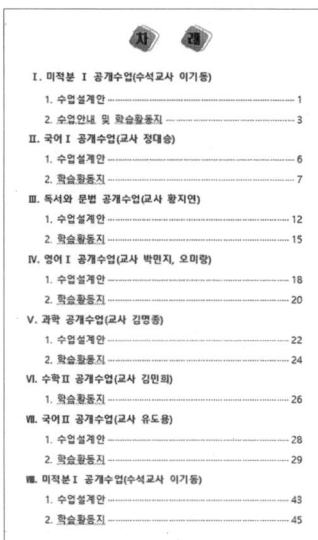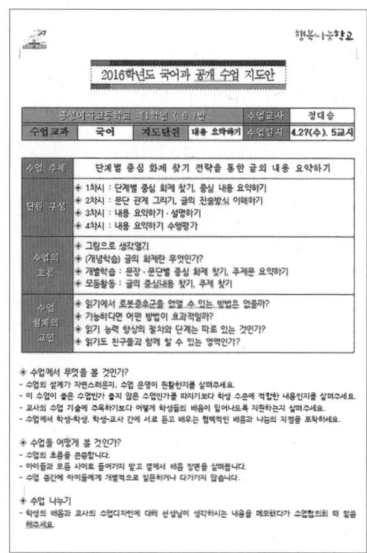

2017년 새 학년이 시작된 후에도 우리의 모험은 계속됐다. 여기에 추가
적으로 학생들의 수요와 선택을 결합한 방과후학교 운영을 시도했다. 방과

후학교 신청 프로그램을 통해 선 과목 개설, 후 수강 신청 시스템을 도입했다. 미리 공지한 방과후학교 강좌 내용을 보고, 학생들이 1회차에서 4회차로 구성된 방과후학교 강좌를 스스로 선택하는 것이다. 한두 과목이 폐강되는 과정을 겪기도 했지만, 담당교사가 명기된 강좌를 수업 내용과 수업 방법, 사용 교재 등과 함께 공지하여 학생들로 하여금 자신의 필요에 맞게 선택하게 하는 시스템은 큰 반향을 일으켰고, 한두 학기 후에는 전 학년이 시스템을 도입하는 계기가 되기도 했다.

그뿐만 아니라 여름방학 기간에는 자신의 꿈을 찾아 미래를 설계하고 로드맵을 그리는 능력을 키우기 위해 진로비전캠프를 운영했다. 희망자로 하여금 자신이 어떤 사람인지, 꿈이 무엇인지 등을 설계해 보게 하여 궁극적으로 진로에 대한 동기부여를 하는 것이 목적이었다. 자신의 꿈과 희망을 몰라 방황하거나 무엇을 해야 할지 고민하는 학생 또는 실전 의지가 약한 학생이 대상이었기에 캠프 운영 성과는 배가되었다.

한편 교과학습에 어려움을 겪는 학생들을 대상으로 학습코칭 프로그램을 열었다. 공부 잘하는 상위권 학생들을 위한 수월성 교육이 아니라 학습 의지는 있으나 학습 과정에서 어려움을 겪는 학생들을 위한 프로그램이다. 가령, 과목별 전국연합학력평가 5~6등급 그룹, 3~4등급 그룹을 구성하여 교과 선생님과 함께 학습 방법을 체크하고 문제 해결 과정을 점검하여 학습 전략을 세우는 활동이다. 우선, 자신의 학습 과정에 나타난 문제가 무엇인지, 학습에 임하는 태도나 문제 해결 전략 등에 문제가 없는지 등은 그룹별 친구들과 서로 이야기를 나누며 자신의 전반적인 학습 상황을 인지하고, 실제 학습의 문제 해결 과정을 교과 선생님과 일 대 일로 점검하며 피드백을 받는 형태였다. 무엇보다 학습 과정에 자신감을 불어넣어 주고, 자신만의 학습 전략을 세우는 계기가 되어 참여하는 학생들의 만족도가 높았고, 미처 참여하지 못한 학생들의 열의를 담아 겨울방학 기간에 추가로 프로그램을 열기도 했다. 이런 프로그램 운영의 기반은 학년 중심 수업공동체에서 비롯됐다. 함께 수업을 고민하며 학년을 운영하다 보니 자연스럽게 학생들에게 필요한 배움이 무엇인지, 우리가 학생들에게 해 줄수 있는 것은 무엇인지 궁리할 수밖에 없었다.

2년여간 이루어진 학년 중심 수업공동체 활동은 배움의 의미를 돌아보는 시간이 되었다. 대학입시와 진도 나가기 명분에 사로잡힌 교사 중심의 강의식 수업이 지닌 문제점을 깨닫게 해 주었고, 무엇보다 협력하는 배움의 소중함을 전해 주었다. 그렇다고 강의식 수업이 사라진 것은 아니었다. 여전히 'ㄷ'자형 책상 배치에 대한 치열한 토론과 논쟁이 이어졌다. 하지만 '일자형 책상 배치로도 충분히 협력수업을 할 수 있는데, 굳이 'ㄷ'자형 책상 배치를 강행하는 까닭이 무엇이냐?'는 항의 속에 희망을 느끼기도 했다. 그래도 협력수업의 소중함을 느끼고 계시는 듯 뿌듯하기까지 했다. 선생님들의 수업에 변화의 물결이 일고 있음을 깨달은 순간이었다.

그 뒤로도 일자형에서 모둠을 만드는 것이 편하냐, 'ㄷ'자형에서 모둠을 만들었다가 필요할 때 일자형 배치를 하는 것이 편하냐 등의 논쟁이 이어졌으나, 어느 순간부터 각자의 방식을 이해하게 되었다. 결국 강의식 수업도 소중한 수업의 일부이고, 토의·토론 등의 협력수업도 소중한 수업 방식임을 알게 된 것이다. 수업 과제의 특성과 난도, 학습자 수준에 따라 달리 적용되는 방법의 하나임을 받아들이게 된 것이다. 특히, '배움 중심 수업은 이러해야 한다, 저러해야 한다.'라는 강제성과 당위성을 버릴 수 있게 되어 마음이 편해졌다. 여러 논란에도 불구하고 'ㄷ'자형 책상 배치 안에서 교사와 학생이 교감하는 수업은 학습자의 능동적인 학습 참여를 이끌어 학습자에게는 주도적인 학습경험을, 교사에게는 학습자의 눈빛과 행동을 통해 학생들의 마음을 헤아리는 기술을 제공했다. 이는 학습뿐만 아니라 학생들의 마음을 더 깊이 이해하는 계기가 되어 학생 상담과 생활지도에도 많은 도움이 되었다.

2보 전진을 위한 1보 후퇴

2018년 3월! 근무지 이동으로 3년간의 전문적 학습공동체 활동과 2년간의 혁신학교 생활이 끝나버렸다. 서운하고 아쉬웠지만 어차피 한 번은 옮겨야 할 상황이었다. 인근 학교였으나 막상 이동하니 생생한 혁신학교 소식을 접하는 데는 한계가 있었다. 게다가 교무혁신부장도 전직으로 자리를 뜨고, 함께했던 몇 분 선생님들도 이동하는 바람에 수업 혁신의 바람도 다소 잠잠해지는 듯했다. 하필 코로나-19가 창궐하여 활동 없는 수업, 만남 없는 교육이 펼쳐졌으니 어쩔 수 없는 일이기도 했다. 학교는 조용히 때를 기다리며 공간 혁신에 힘을 쏟았다. 이때 만들어진 홍성여고사회적협동조합과 옛 역사관(대한민국 근대문화유산-등록문화재)을 리모델링한 창고형 카페는 후일 본격적인 전문적 학습공동체 운영의 초석이 되었다.

가속 페달로 후회 없이 내달린 길!

2021년 3월! 홍성여고 교무혁신부장으로 돌아왔다. 코로나-19는 여전했다. 그나마 다행인 것은 감염병 상황이 끝을 보이기 시작했다는 것이다. 개학식도 입학식도 방송으로 진행되고, 학생다모임도 전체 모임이 축소되며 방송으로 진행되었다. 하지만 무작정 기다릴 수는 없었다. 잠시 지체됐던 전문적 학습공동체를 되살려야 했다. 여울림 한해살이 계획을 다시 세우고, 참여 희망자를 모집했다. 첫 모집은 실패! 치밀한 전략이 필요했다. 함께하고 싶은 선생님들을 찾아다니며 포섭했다. 그중에서도 원칙을 세웠다. 첫째, 본동 교무실과 각 학년 교무실에 있는 선생님들을 고루 모집한다. 둘째, 다양한 교과 선생님들이 참여할 수 있게 한다. 셋째, 연공서열을 따지지 않고, 누구에게나 평등한 수업 대화 문화가 정착되도록 노력한다. 넷째, 처음부터 무리하게 수업 공개를 요구하기보다는 본인 수업의 실패담과 성공담을 시작으로 자유롭게 수업 경험을 꺼내놓을 수 있게 한다. 다섯째, 수업 연수와 초청 강연, 독서토론 등을 병행하여 협력적 배움의 의미를 깨닫게 하고, 성장 기회를 제공하도록 노력한다. 여섯째, 수업 친구를 만들어 수업 성찰과 수업 나눔을 실천하는 밑거름이 되게 한다.

드디어 3월 31일(수) 여울림 운영 첫날, 치밀한 전략(?) 덕에 14명의 선생님이 모였다. 여울림 운영 취지를 설명하고, 각자 참여하게 된 나름의 이유를 말하며 도전의지를 불태웠다. 먼저, '성찰과 나눔이 살아있는 수업공동체'를 1학기 주제로 정하여 15시간 연수를 함께 들었다. 수업공동체의 의미를 어느 정도 이해한 후에는 손우정 교수의 『배움의 공동체』를 함께 읽으며 배움의 의미를 돌아보고, 배움 중심 수업의 가치를 헤아렸다.

이후 5월 26일, 교사의 성장과 학교의 변화에 중심을 둔 김용분 선생님의 강의를 시작으로 전문적 학습공동체의 개념과 실천 방법 등을 다시 익히기 시작했다. 특별했던 것은, 참여자 모두가 한 주제 아래 다양한 수업을 시도해 본 것이다. 즉 1학기 2회고사 이후 일주일 남짓한 시간에 공동체 회원 모두가 자신의 교과에 맞는 주제 중심 수업을 실천해 보는 것이었다. 이를 위해서는 수업디자인 협의회가 필요했다. 즉, 주제에 맞추어 각자 만들어 낸 수업지도안과 학습활동지를 함께 검토하며 학생들의 사고 과정을 따라가는 수업 흐름의 적정성과 수업 실현 가능성, 수업 의미 등을 함께 살펴보았다. 수업 설계 역량을 높이려는 의도였다. 아울러 이렇게 함께 검토한 수업이 실제 어떻게 구현되는지(수업 공개)를 살펴보며 수업 나눔을 이어갔다. 설계와 구현 과정에서 어긋남은 없는지, 학생들의 배움은 어떻게 이루어지는지, 주제와 교과의 연결이 자연스러우며 유의미한 학습을 제공하는지 등을 수차례에 거쳐 살펴보니 수업을 디자인하는 능력과 학생들의 수업 참여 방식과 사고 과정, 협력적 배움이 이루어지는 지점 등 수업을 보는 다양한 눈을 키울 수 있었다. 한마디로 경이로운 순간이었다. 특정 전문가가 나서서 수업을 이끌지 않아도 스스로의 역량, 아니, 공동체의 역량으로 배움과 수업의 의미를 포착하게 된 것이다.

수업 성찰(아이스 브레이킹)

수업 나눔

학습공동체 연간 활동 계획

여기에 탄력을 받은 우리는 2학기 주제를 '프로젝트 수업 어디까지 해봤니?'로 정하고, 교과 융합 프로젝트 수업을 시도했다. 1학년 국어, 영어, 한국사, 통합사회, 통합과학 교과가 '도시재생 사업계획서 작성 프로젝트'를 함께했다. 도시재생이 필요한 지역의 활력 증진을 위한 홍성군 도시재생 프로젝트의 일환이었다. 맨 처음 개발 지역과 보존 지역의 분석, 즉 지형과 건축, 유적 등에 대한 분석은 한국사 교과에서 하고, 이어 침체 지역 분석과 사업지 선정. 목적에 맞는 사업 구상은 통합사회 교과에서, 사업 계획서 작성은 국어 교과에서, 해당 사업이 환경에 미치는 영향 분석은 통합과학 교과에서, 마지막으로 사업 계획 발표를 위한 자료 제작 및 발표회는 영어 교과에서 영어 말하기로 진행했다. 각각의 교과에서 단계별로 수행평가에 반영하고, 최종 전시물을 제작하여 카페 홍여울에서 발표했다. 4개월의 시간 투입과 5개 교과가 연계한 대형 프로젝트로, 무엇보다 학생들의 공동 참여와 협력, 창의적 아이디어 생성이 빛나던 순간이다.

해가 거듭될수록 학습공동체는 역량을 키워갔다. 들고나는 사람들이 늘 있었기에 원점에서 고민하고 토론하는 과정이 지난하게 펼쳐지기도 했다. 하지만 매년 매 학기 공동체 구성원들의 관심과 열정은 대단했다. 그러면서도 놓치지 않은 원칙은, 함께 하고 싶은 일은 함께 고민하기, 수업 성찰을 게을리하지 않으며 학기별로 주제를 정해 실천하기, 함께 나누고 싶은 가치를 정하여 주제 중심 수업을 디자인하고 한 주간을 정해 수업 실천하며 나누기, 초청 강연과 독서토론, 연수 나눔 함께하기, 1년에 한 번 이상은 손우정 교수님을 모시고 배움 중심 수업 컨설팅받기 등이었다. 3년간의 전문적 학습공동체 '어울림'의 활동 내용을 정리하면 다음과 같다.

	2021년	2022년	2023년
1학기 주제	성찰과 나눔이 살아있는 수업공동체	혁신학교 교사는 어떤 삶을 살까?	배움 중심 수업이란?
2학기 주제	프로젝트 수업 어디까지 해봤니?	수업! 하나만 바꿔 보자	수업과 연계한 평가의 이해
수업성찰	• 교사의 수업과 성장	• 내 수업의 성공담과 실패담 • 수업을 잘한다는 의미는?	• 수업과 평가의 연결에 대한 고민 • 내 수업에 적용해보고 싶은 수업 형태는?
주제 중심 수업가치	미래	생태환경	관계
초청강연	• 김용분, 『교사의 성장과 학교 변화』	• 임두빈, 『혁신학교와 전문적 학습공동체』 • 신을진, 『수업 코칭』	• 한광희, 『민주적 협의문화와 부장교사의 역할』
독서토론	• 손우정, 『배움의 공동체』 • 존 라머 외, 『프로젝트 수업 어떻게 할 것인가?』	• 배정화, 『나는 혁신학교 교사입니다』 • 신을진, 『교사의 성장을 돕는 수업코칭』	• 손우정, 『배움의 공동체』 • 앵거스 플레처, 『우리는 지금 문학이 필요하다』
연수나눔	• 성찰과 나눔이 살아있는 수업공동체 • 프로젝트 수업 어디까지 해봤니?	• 혁신학교 일년살이로 미리 맛보는 혁신교육 • 함께 상상하고 실천하는 학교 혁신 • 수업, 하나만 바꿔 보자!	• 교육과정-수업-평가-기록을 일체화하는 과정중심평가
수업컨설팅 (손우정)	김*종(물리) 선생님	이*지(영어) 선생님	김*훈(역사) 선생님
참여 교사	정*승(국어), 김*종(물리), 유*은(국어), 이*지(영어), 정*경(역사), 김*율(기가), 이*희(수학), 이*규(일사), 김*훈(역사), 김*경(화학), 정*현(지리)	정*승(국어), 김*종(물리), 이*지(영어), 박*선(국어), 정*경(역사), 이*연(지리), 구*하(수학), 유*슬(중어), 김*훈(역사), 이*규(일사), 고*주(화학), 이*민(지학)	정*승(국어), 김*종(물리), 이*지(영어), 이*경(국어), 김*훈(역사), 김*숙(음악), 유*연(국어), 정*경(역사), 김*수(수학), 유*슬(중어), 임*민(정보), 조*미(수학)

끝없는 배움의 길

매년 손우정 교수를 모시고 배움 중심 컨설팅을 받는 날은 학사일정을 조정해 학생들을 일찌감치 하교시켰다. 수업을 공개하는 한 학급만 남기고. 6교시 수업 공개와 7교시 수업 나눔을 전 교사와 함께 하고픈 욕심을 과감히 드러낸 것이다. 보여주기식 연례행사라기보다는 이를 기회 삼아 배움 중심 수업을 전 교사에게로 확산하고픈 마음에서. '여울림' 활동에 참여하지 않은 선생님들께도 배움 중심 수업의 의미를 나누기 위해서. 사실 '여울림' 활동에 참여한 선생님들은 매월 수업 공개와 수업 나눔을 함께하며 배움의 의미를 깨치느라 무척이나 바빴다. 그러나 여전히 주저하는 선생님들에게는 보여주기식 행사일 뿐이었다.

가장 아쉬운 일을 꼽으라면 바로 이것이다. 모든 선생님과 함께 배움의 페달을 밟아보지 못한 것. 우리끼리만 학생과 교사 모두의 배움이라는 꿈의 돛대를 달고 성장의 항해를 시도한 것. 망망대해에 들어선 순간 과감히 더 나아가지 못하고 주춤한 것. 좀 더 큰, 모두가 참여하는 항해를 만들어 내지 못한 것이다. 그래도 매년 교사 정원의 30%가량은 배움의 항해에 함께하셨다. 지금쯤 모두 어디선가에서 배움의 항해를 기억 삼아 각자의 항해를 시도하고 계시리라 생각된다. 홍성여고에서의 치열한 경험이 삶의 밑거름이 되어 학생을 배움의 중심에 놓고, 학생들의 배움과 자신의 배움을 씨줄과 날줄로 엮어가며 거듭나고 계시리라 확신한다.

마지막으로 홍성여고 전문적 학습공동체는 '여울림'만이 아니다. 애초부터 전문적 학습공동체를 교과공동체와 학습공동체로 구분하여 운영했다. 이중 교과공동체는 학생들의 교육활동과 행사, 평가와 세특 등을 함께하는 기구로 자리 잡았다. 특히 교육과정 자율주간 교과 프로젝트 운영, 교육과정 교과 설명회 및 상담 활동, 교과 특색활동을 주도했다. 학습공동체는 다시 수업공동체와 생활공동체로 구분하여 운영했다. '여울림'이 바로 수업공동체에 해당한다. '여울림' 못지않게 크게, 하나로, 함께 울린 학급운영 전문적 학습공동체 '한울림'과, 상담과 체험 중심의 회복적 생활교육 연구를 한 전문적 학습공동체 '어울림'도 있었다.

배움의 중심에 선 수업, 그리고 성장의 기록

김명종(현 내포중 교사, 2012~2016년, 2021~2024년 본교 교사)

"혁신학교 10년, 그 변화의 시작은 언제나 교실에서 비롯되었습니다.
교사의 가르침이 아니라 학생의 배움에서 출발해야 한다는 깨달음은,
홍성여고 혁신의 중심에 늘 '수업'이 있었음을 잘 보여줍니다.
먼저 김명종 선생님의 기록을 통해 그 여정을 열어봅니다."

홍성여고의 혁신학교 여정이 어느덧 10년을 향해 가고, 그중 5년을 함께할 수 있었던 것은 나의 교직 생활에서 큰 행운이다. 홍성여고를 떠난 지금도 누군가가 나에게 홍성여고에 대해 물어보면, 나는 망설임 없이 "홍성여고는 나에게 성장의 기회를 준 학교입니다."라고 답한다. 그렇다면 어떤 경험이 나에게 이런 생각을 하게 했을까? 홍성여고에서 보낸 5년을 돌아보고자 한다.

나는 늘 혁신학교가 무엇인지 궁금했다. '혁신학교는 대한민국 공교육 개혁 모델로, 교육과정 운영의 자율성과 민주적 학교 문화를 기반으로 학생·교사·학부모가 협력하는 교육 환경을 조성하는 학교'라는, 어디에선가 본 듯한 뻔한 이론적인 정의가 궁금했던 것은 아니다. 실제 혁신학교에서

는 어떤 일들이 일어나고, 학교는 어떻게 운영되며, 학생들은 어떤 경험을 하는지가 궁금했던 것이다. 물론 모든 혁신학교의 운영이 똑같지는 않다. 그러나 홍성여고라는 혁신학교를 경험하며 '본질은 학생을 교육의 중심에 두는 것'이라는 나름의 교육 철학을 갖게 되었다. 어떤 경험들이 내 생각을 바꾸게 했을까? 여러 경험 중에서도 특히 수업을 고민하며 겪은 많은 상황에서 일어난 변화를 중심으로 이야기하고 싶다.

수업에 대한 첫 고민과 도전

홍성여고의 혁신학교는 2016년부터 시작되었다. 하지만 그 전부터 시대적·지역적 상황이 계속 어려워지면서 학교 내부에서는 변화의 필요에 대한 목소리가 나오기 시작했다. 인문계 고등학교에서 위기를 발판 삼아 변화를 추진한다는 것은 쉬운 일이 아니다. 이에 당시 충남형 혁신학교인 '행복나눔학교'라는 개혁적 변화의 방향을 설정하고 추진하며, 2016년 1년 차 운영을 시작했다.

당시 나는 교육 경력이 10년도 채 되지 않은 데다가 근무한 학교라고는 홍성여고가 두 번째인, 길지 않은 경력의 담임 교사였다. 그동안 수업 목적은 교과서 내용을 최대한 자세히 학생들에게 전달하는 것이었고, 어떻게 하면 더 잘 전달할 수 있을까에 집중하고 있었다. 다른 교사들이 어떻게 수업을 하고 무엇을 고민하는지에는 관심조차 없었다. 그러던 중 학년 부장 선생님의 주도와 담임 선생님들의 의지로 'ㄷ자' 형태의 책상 배치를 학년 교실 전체에 적용하며 학교의 변화가 시작되었고, 나는 배움 중심 수업을 공부하고 적용하고자 교실 한가운데로 뛰어들어 수업했다. 뜻이 맞는 선생님들과 평소 수업을 서로 공개하며 대화를 나누었다.

그 후, 이전과는 조금 다른 변화가 생겼다. 교무실에서는 일상적 대화 주제가 학생들과 수업에서 있었던 일들로 바뀌었다. 당시에는 생각하기 어려웠던 다른 교과 선생님들과의 자연스러운 수업 대화가 오가기도 했다. 배움 공동체, 배움 중심 수업이라는 이름의 연수를 인근 지역을 쫓아다니며 들으면서, 그동안 한 번도 해보지 않았던 수업에 대한 고민을 시작했다. 교탁이 아닌 교실 한가운데서 학생들의 눈을 바라보니, 50분 동안의 교사의 자세한 설명이 반드시 배움으로 연결되는 것은 아니라는 것을 깨달았다. 연수를 들으며, 수업에서 교사의 역할을 다시 생각하게 되었다. 수업에서 가장 중요한 것은 교사의 가르침이 아니라 학생들의 배움이라는 사실이었다. 2016년 여름방학, 교직 경력 8년 차에 나는 처음으로 수업에 대한 진지한 고민을 시작하게 되었다.

홍성여고에서 찾은 성장 기회

2016년을 끝으로 근무 만기로 홍성여고를 떠나 타학교에서 4년간 근무한 후 홍성여고로 돌아올 수 있었다. 2021년 돌아온 홍성여고에서 가장 먼저 한 일은 '여울림'이라는 전문적 학습공동체(이하 '전학공')에 가입하여, 새로운 선생님들과 수업에 대한 고민을 나누는 일이었다. 전학공 활동의 일환으로 수업 컨설팅을 계획하고, 대표 수업을 진행할 수업자를 모집했다. 당연하게도 많은 선생님은 수업 공개에 소극적이었고, 수업을 공개하여 컨설팅 대상으로 제공하는 일은 여전히 누구에게나 쉽지 않은 일이었다. 전학공에서 초청하려던 수업 컨설팅 전문가는 배움의 공동체 연구회 대표인 손우정 교수님이었다. 나는 한창 수업에 대한 고민이 생기고 배움의 공동체를 공부하며 연수를 들을 때 큰 영향을 받았던 터라, 컨설팅 욕심 반, 팬심 반으로 대표 수업자를 지원했다.

수업 컨설팅 준비 과정에서는 전학공 여러 선생님의 도움이 필요했다. 평소 가지고 있던 고민에서 수업 준비가 시작되었다. 학생 간 학업 역량 차이, 수업에 참여하지 않고 소외되는 학생, 의욕은 있으나 역량이 부족한 학생 등, 평소 수업에서 생겨난 고민들을 바탕으로 수업을 계획했다. 4~5회의 수업디자인 협의회를 거치며 수업 주제 선정부터 내용 수정까지 여러 과정을 거쳤고, 처음 계획했던 수업 내용의 많은 부분을 줄이며 학생 수준에 맞는 수업 내용을 정할 수 있었다. 수업을 설계하며 충분히 가능하다고 생각했던 많은 부분이, 학습자 입장에서는 결코 만만치 않다는 것을 전학공 협의회를 통해 알게 되었다.

대표 수업으로 공개된 수업 컨설팅을 마치고 수업 나눔 과정을 거치며, 수업자로서 수업할 때는 보이지 않던 학습자의 배움 지점들을 확인할 수 있었다. 손우정 교수님의 컨설팅에는 늘 학습자인 학생들의 모습이 있었다. 어느 지점에서 학생들의 배움이 일어나는지 깨닫고, 이를 수업에서 이끌어낼 수 있게 설계하는 것이 수업 디자인의 중요한 점임을 배웠다. 교사는 의도대로 학생들을 안내할 뿐이며, 그 안내에 따라 학생들의 배움은 스스로 일어나는 것이었다. 교수님으로부터 홍성여고에 몇 년 전 방문하여 컨설팅할 때보다, 수업 나눔에 임하는 선생님들의 모습을 보면서 학교의 발전을 느낄 수 있었다는 보람된 이야기도 들을 수 있었다. 수업에 대해 함께 고민하고, 수업 공개와 나눔을 이어온 전학공 선생님들의 역할과 성장이 느껴지는 순간이었다.

수업이 끝난 후 한 선배 교사가 "멀티미디어를 활용한 화려한 수업을 보여줄 줄 알았다"라고 했을 때, 머릿속이 복잡해졌다. '수고했다'는 말에 담긴 친절한 마음을 몰라서가 아니었다. 다만 여전히 많은 교사가 수업 공개를 수업 방식과 기술을 보여주는 자리로만 여긴다는 현실 때문이었다. 전학공에 참여하는 선생님들뿐 아니라 모든 교사가 수업 공개와 수업 나눔의 참된 의미를 온전히 이해하기까지는 아직 시간이 필요하다는 생각에서 비롯된 고민이었다. 수업 컨설팅을 통해 나는 교사로서 성장함과 동시에, 고민을 함께 남긴 하루를 경험했다.

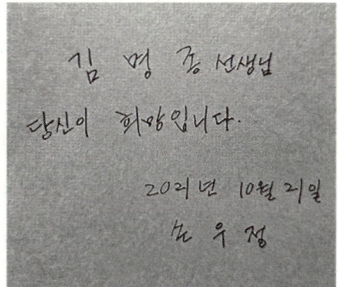

수업 공개 및 컨설팅

함께 만드는 수업, 함께 나누는 성장

전학공 '여울림'의 활동은 홍성여고에 근무하는 기간 내내 계속되었다. 많은 선생님의 참여를 이끌기 위해 다양한 노력을 기울였고, 수업 컨설팅을 통해 성장한 경험을 다른 선생님들도 경험해보기를 바라는 마음에서 수업 공개와 수업 나눔의 시간을 가지려 노력했다. 일과 중에는 시간을 내기 어려워 방과 후에 남아 전학공 활동을 이어갔다. 고등학교에서 방과 후 활동을 반기는 선생님은 거의 없지만, 참여했던 선생님들의 이야기를 들어보면 어렵고 힘든 활동에서도 보람을 느낀다는 분들이 많았다. 직접적으로 표현하지는 않지만, 누구나 수업에 대한 고민이 있고 그것을 나눌 수 있다는 것이 서로에게 힘이 되었다.

1학기가 끝나갈 무렵, 각 교과 진도가 모두 끝나고 교육과정을 재구성할 수 있는 기간을 활용하여 주제 중심 수업을 계획했다. 다양한 교과가 하나의 공통된 주제를 중심으로 수업을 진행하여, 학생들이 각 교과와 연결되는 가치를 다양하게 경험하고, 주제가 삶으로 어떻게 이어지는지 스스로 깨닫게 하고 싶었다. 예를 들면, 2021학년도 주제는 '미래'였다. 나는 과학 교과 수업에서 미래의 삶을 그린 영화의 한 장면을 인용하여 우주엘리베이터의 소재로 적합한 물질을 찾는 수업에서 신소재를 학습했다. 같은 과학 교과의 다른 선생님은 기후 변화 데이터를 제공하며 앞으로 일어날 수 있는 미래 환경을 예측하고 기후 위기와 그에 따른 노력을 강조하는 수업을 했다. 같은 주제로 국어 교과에서는 미래에 사라질 단어를 통해 과거와 현재, 현재와 미래의 우리말 변화를 학습했고, 영어 교과에서는 업사이클링 제품을 조사하며 미래 환경을 위해 노력해야 할 부분을 학습했다. 한국사 교과에서는 우리 고장의 위인을 조사하고 미래 역사 인물 사전 만들기 활동을 했으며, 사회 교과에서는 미래 사회 문제로서 통일에 대한 인식 변화를 수업했다. 주제 중심 수업을 통해 학생들은 하나의 주제가 각 교과에 따라 다양한 가치로 확장되는 것을 깨달을 수 있었다. 2022학년도는 '생태·환경', 2023학년도는 '관계', 2024학년도는 '우주'를 주제로 정하여 수업 공개와 수업 나눔을 이어갔다.

그해 2학기 수업을 준비하며, 1학년 수업에 참여하는 국어·영어·사회 선생님들과 '도시재생 사업계획서 작성하기'를 주제로 교과 융합 수업과 수행평가, 산출물 대회를 통한 교내 시상까지 연결되는 프로젝트 수업을 계획했다. 나는 과학 교과를 담당하며, 학생들이 계획한 도시재생 사업이 환경에 미치는 영향을 분석하고, 교과 개념인 신재생에너지, 적정기술과 연

주제 중심 수업

관 지어 카드뉴스를 제작하는 수업을 계획했다.

거의 2개월 가까이 프로젝트 수업을 진행하며 한계점도 분명하게 드러났다. 과제 규모에서 느끼는 학생들의 어려움, 긴 일정으로 인한 피로감 등, 계획 당시에는 예상하지 못했던 점들이 관찰되었다. 함께한 선생님들과 협의를 통해 학생들 수준에 맞는 적절한 규모의 프로젝트를 정하는 것이 필요했다는 결론을 내릴 수 있었다. 도시재생이 아닌 학교 환경을 분석해 변화시키는 프로젝트를 했다면 학생들에게 더 친숙하고 적절한 규모였을 거라는 의견을 통해 학생 수준에 맞는 프로젝트 규모를 선정해야 한다는 노하우를 얻을 수 있었다.

또한, 프로젝트 수업과 연계한 수행평가는 고등학교 학생들이 갖는 어려움 중 하나인 과중한 수행평가 문제를 덜어줄 것으로 생각했다. 과목별 수행평가로 이미 많은 어려움을 겪고 있기에 프로젝트 수업이라는 하나의 주제로 여러 과목 수행평가와 연계하면 수행평가 부담을 줄일 수 있겠다는 생각이었다. 하지만 하나의 주제로 4~5개의 수행평가를 받는 것이 학생 부담을 줄이는 것만은 아니었다. 끊임없는 활동과 평가로 인한 피로감이 만만치 않았기 때문이다. 모든 교과의 평가를 무리하게 연결할 필요 없이 평가가 필요한 과정의 교과에서만 수행평가와 연결했다면 학생들의 피로감은 훨씬 줄었을 것이다. 여러 선생님과 함께 계획하고 진행해 본 프로젝트에서 처음에 너무 큰 범위의 어려운 과제와 평가를 계획한 것이 문제였음을 깨달았다. 이런 문제를 분석하고 해결을 위한 협의를 거치기를 반복하며 프로젝트 수업에서 학생들의 입장에 대해 알아가고, 나와 선생님들은 함께 성장할 수 있었다.

학생과 함께하는 배움의 완성

프로젝트 수업은 한계점을 마주하고 끝난 것만은 아니었다. 지금까지 해온 모든 수업에 대한 고민과 노력은 교사의 성장만을 목적으로 하지 않는다. 가장 중요한 본질은 학생의 배움과 성장이다. 학생들은 그 안에서 자기 능력 이상의 역량을 발휘하며 성장했다. 쉽지 않은 활동이라고 생각했던 프로젝트 수업에 학생들은 진지한 자세로 임했다. 아이디어 회의에서부터 적극적인 소통이 이루어졌으며, 주말에도 모둠원들과 모여 마을 곳곳을 돌아다니며 프로젝트 주제를 탐구했다. 모둠별 차이는 있었지만 함께한 선생님들의 예상보다 학생들은 훨씬 큰 목적을 달성했다. 스스로 역할을 나누어 조사하고 조금 처지는 친구를 이끌어 참여시키는 과정에서 학생들은 스스로 배우고 성장하는 모습을 보였다.

2개월 동안의 활동을 통해 다양한 아이디어가 쏟아져 나왔고, 끊임없이 고민하고 아이디어를 보완하는 과정에서 각 교과의 배움이 삶으로 적용되는 경험을 할 수 있었다. 학생들은 도시재생 프로젝트 수업을 통해 자신이 사는 마을을 돌아보고 발전시킬 방안을 고민했다. 당시에는 없었던 스마트 버스정류장 아이디어를 제시한 학생도 있었고, 외곽의 방치된 빈집을 활용해 게스트하우스를 만들자며 지역 경제 활성화 방안을 제안한 학생도 있었다. 또한, 재래시장을 활성화해 문화 체험과 연결하는 아이디어를 제시하는 등, 실제 도시재생 사업 아이디어 공모라 해도 손색없을 만큼 다양하고 복합적인 궁리들을 학생들이 스스로 해나갔다.

프로젝트 수업은 학생들의 성장을 느낄 수 있는 경험이었고, 그동안 해온 수업에 대한 고민과 실천이 학생들에게 어떻게 영향을 주는지 확인할 수 있는 활동이었다. 그동안 수업에서 학생들이 교사의 의도 안에서 배우고 완벽한 결과물을 내기를 기대했다. 하지만 프로젝트 수업을 하면서 학생들은 도전하고, 실패하고, 다시 보완하는 과정을 통해 스스로 다양한 가치를 발견해 가는 능동적인 존재임을 알게 되었다. 학생들을 바라보는 관점이 달라져야 한다는 것을 함께했던 모두가 공감했다.

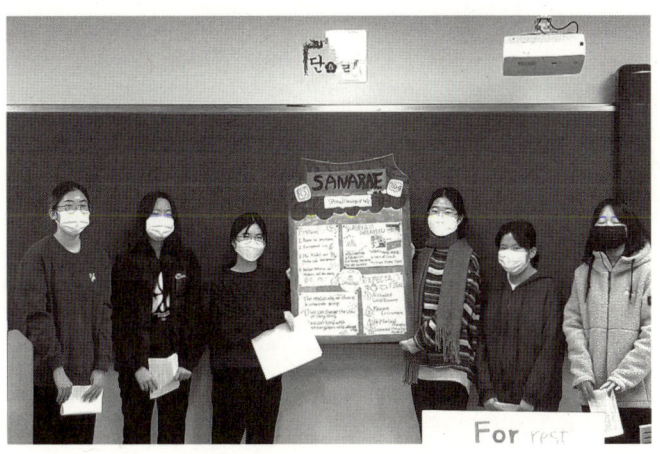

프로젝트 수업

결국 내가 홍성여고에서 배운 가장 큰 가치는 '수업은 교사의 기술이 아니라 학생들의 배움에서 완성된다'는 사실이다. 나에게 주어진 수업이라는 특별한 시간을 통해 나와 학생들은 각자 자리에서 스스로 배우고 성장하고 있었다. 학생들이 수업에서 관계를 통해 배움을 이뤄내는 것처럼 나에게는 함께 고민하고 실천한 동료 선생님들이 있었다. 앞으로 어떤 자리에 서든 이 배움을 잊지 않고 동료와 함께 고민하는 교사, 학생을 배움의 중심에 두는 수업을 이어가며 학생들의 성장을 믿고 기다리는 교사로 남고 싶다.

수업으로 배우고 혁신으로 자라다:
교실에서 찾은 성장의 순간들

이예지(현 갈산고 교사, 2021~2024년 본교 교사)

"혁신의 길에서 교사 개인은 어떤 성찰과 고민을 마주하게 될까요?
큰 틀에서 시작된 변화는 결국 교실 속 한 사람의 선택과 실천을 통해
살아납니다.
이예지 선생님의 경험은 교사가 성장해 가는 과정을 따뜻하고도 솔직
하게 담고 있습니다."

모교에서의 새로운 배움

"새로 전입 가는 학교가 여러분에게 어떻게 다가오는지 이미지 카드 중
에서 한 가지를 선택해 볼까요?"

교육지원청에서 주최한 혁신학교 발령자들을 위한 강사 선생님의 질문
이 작은 울림을 남겼다. 크리스마스 선물이 담긴 이미지 카드를 선택한 후
"모교에서 근무한다는 것이 깜짝 선물을 받은 것처럼 기쁘고 설레네요"라
고 대답하던 상황이 또렷하게 기억난다. 홍성여자고등학교를 졸업한 지 15

년 만에 교사로 근무하는 것에 막연한 기대감이 있었지만, 혁신학교에 대해서는 거의 아는 바가 없었다. 다만 내 학창 시절 분위기와는 사뭇 다를 거라는 주변의 우려와 함께 들리는 말에는 혁신학교에 대한 부정적인 뉘앙스가 실려있었다.

4년 동안 경험한 학교에서의 하루하루는 외부의 걱정과는 달랐다. 오히려 교사가 해야 하는 수업을 진지하게 고민하는 시간이 늘어났고, 학생을 위한 활동에 대해 함께 이야기 나누는 동료 교사가 많아졌다. '혁신'이라는 단어가 주는 막연한 거리감과 낯섦은 서서히 사라지고, 새로운 시도를 즐기는 분위기와 변화 속에서 함께 성장하는 교사와 학생들의 모습이 남아 있었다. 특히 내가 교실에서 수업을 통해 마주한 작은 변화들이 어떻게 학생과 나를 함께 성장하게 했는지 이야기해 보고자 한다.

불편한 즐거움, 여울림과 함께한 고민

수업 변화는 수업에 대한 고민을 나누는 자리에서 시작되었다. 당시 교무부장님의 권유로 '여울림'(전문적 학습공동체)에 참여하게 되었는데, 돌이켜보면 홍성여고에서 가장 치열하고도 뜻깊은 시간이었다. 월 2회 방과 후 시간부터 시작된 모임은 때로 밤 9시가 넘어서까지 진행되었다. 근무 시간 외에 모이는 것이 부담스럽기도 했지만 각기 다른 과목의 선생님들이 모였음에도 모두의 고민에는 공통점이 있었다. 첫 모임에서 함께 읽은 『배움의 공동체』(손우정)에 담긴 기본 철학을 토대로 '어떻게 잘 가르칠 것인가'가 아닌 '어떻게 학생들 사이에 배움과 탐구가 일어날까'에 대한 고민이 지속되었다. 함께할 때 우리는 더 이상 달걀 판에 한 개씩 조심스럽게 담긴 고독한 달걀 같은 존재가 아니라, 함께 위로받고 격려하는 안전한 울타리 안에

존재했다. 1년이 끝난 시점에서 여울림의 존재에 대해 나는 '불편한 즐거움'이라고 정의 내렸다.

첫 해 여울림에서 기억에 남는 활동은 1학년을 대상으로 2학기에 진행한 교과융합 프로젝트다. 여름방학에 함께 수강한 프로젝트 수업 관련 연수와 『프로젝트 수업 매뉴얼』(양은석)을 토대로 국어, 영어, 통합사회, 통합과학 선생님들과 주제 선정부터 평가까지 함께 기획했다. 다양한 주제 중 삶과 앎의 일치라는 목표를 토대로 '홍성군 도시재생 주민참여사업'을 주제로 선정했다. 홍성군에서 진행하는 사업의 일환이기에 학생들의 관심을 높였고, 교과별 역할도 명확하게 정할 수 있었다. 통합사회는 홍성 군내의 쇠퇴 지역과 실시 가능한 사업 선정, 국어는 사업 계획서 작성, 통합과학은 친환경 요소 설계, 영어는 산출물 제작과 발표를 맡았다.

2021년도는 여전히 코로나 시기이어서 학생들이 격일로 등교해 모둠별 산출물을 제작할 시간이 상당히 부족했다. 이를 해결하고자 원격 수업 기간에는 온라인 협업 툴을 활용해 모둠별로 생각을 주고받으며 교사는 개별적으로 피드백하는 방식을, 등교 기간에는 모둠별 산출물 제작을 병행했다. 학생들은 모둠별 선정 지역에 답사를 다녀오고 주민들을 인터뷰하며 도시재생을 위한 다양한 해결책을 모색했다.

영어로 발표하는 것에 대한 긴장감을 해소하고자 발표 당일에는 대본을 손에서 놓지 않았고, 모둠원을 챙기는 모습에 교사로서 뿌듯함도 느꼈다. 그러나 모든 발표가 끝나고 몇몇 학생들이 볼멘소리로 그동안의 어려움을 털어놓기 시작했다. 프로젝트 수업을 진행하면 과제 부담이 줄거나 과목 간 유기적 연계성이 있어야 하는데, 계획 단계에서 세밀하게 궁리하지 못해 오히려 학생들의 부담이 가중되었다. 한 친구는 "우리 모둠은 제가 멱살 잡고 끌고 왔어요"라며 웃어넘겼지만, 나는 가볍게 흘려듣고 과제를 끝마친 점을 칭찬하기에 급급했다. 서로의 아이디어를 주고받고 존중하며 새로운 배움의 장을 열어준 것에 스스로 만족하고 있었다. 하지만 마음 한구석에는 이 활동이 학생들의 배움을 중심에 두고 있었는지에 대한 의문이 남아있었다. 이런 고민과 함께 담임으로서의 모습도 돌아보게 되었고, 결국 또 다른 선택으로 이어졌다.

당시 나는 1학년 담임을 맡고 있었다. 학급 아이들이 다양한 분야에서 두각을 나타내길 바랐던 담임으로서의 지나친 욕심은 지금껏 배워온 혁신학교의 공공성과는 거리가 있었다. 모든 학생에게 차별 없이 교육 기회와 가능성을 제공해야 하는 혁신학교의 기본 가치를 잊은 채, 나도 모르게 다른 학급과 우리 학급을 비교하며 은근한 경쟁심을 부추기면서 어느새 우월감마저 느끼고 있었다. 깊은 고민 끝에, 나는 담임이라는 자리에서 한발 물러나 혁신학교 관련 업무를 맡으며 더 많은 학교 구성원들과 내가 경험한 혁신학교의 기본 가치를 공유하는 길을 택했다. 이 선택은 수업에 대한 고민에서 나를 완전히 떠나게 하지 않았다. 오히려 새로운 자리에서 마주한 수업 공개와 배움중심수업 컨설팅은 이전 프로젝트 수업에서의 고민을 다시 마주하게 했다.

효율성을 추구하는 교사?

교직 생활 중 담임이 아닌 업무를 맡아본 것은 처음이었다. 교무혁신부의 혁신 기획으로서 다양한 업무를 하면서도 수업을 소홀히 말자는 마음에는 변함이 없었다. 반복되는 업무 속에서도 교실에서 학생들과 이야기하는 것이 즐거웠고, 모둠학습을 통한 수업을 형식상으로라도 지속하고 있었다. 업무에 치여 수업에 대한 열정과 동기가 식어갈 때쯤 매년 실시하는 배움중심수업 컨설팅의 수업자로 선정되었다. 신규 교사 때 마지못해 한 수업 공개와는 또 다른 압박감이었다. 하지만, 이 과정에서도 혼자라고 느껴지지 않았던 것은, 여울림에서 수업지도안부터 활동 계획, 점프 과제 등에 관해 함께 수차례 고민했기 때문이다. 수업을 계획하며 평소 학생별 개인차에 따른 과제 난이도 조절, 영어 과목의 도구적 역할, 수업 중 이해와 표현 학습의 균형 등에 대한 고민을 토대로 수업을 설계했다.

수업 당일, 계획대로 수업은 별 탈 없이 진행되었다. 다 끝났다는 안도감이 들 때쯤, 수업 나눔에서 손우정 교수님의 컨설팅을 통해 가장 중요한 부분을 간과했다는 생각에 부끄러움을 감출 수 없었다. 한 명도 소외되지 않는 배움을 지향한다고 외쳤지만 정작 수업에서는 모둠 구성에서부터 의도적으로 소외되는 학생이 생겨나게 했다. 모두에게 보여줘야 하는 수업에 대한 부담과 수업을 잘해야겠다는 마음에 학생의 배움을 등한시하고 모둠을 구성했다. 리더 역할을 할 친구 1명, 친분 있는 친구 2명, 성적이 낮은 친구 1명으로 구성하면 큰 무리 없이 준비한 활동을 마칠 수 있겠다는 오만한 생각이 들었다.

모둠 안에서 학생들은 무언의 약속이라도 한 듯 자기 역할대로 잘하는 학생이 못하는 학생을 가르쳐 주는 상황이 당연하게 흘러갔다. 가르쳐야 하는 친구는 책임감에 누군가에게 끊임없이 지식을 강요했고, 배워야 하는 친구는 배우고 싶지 않아도 억지로 뭔가를 듣거나 써야 했다. 수업을 통해 서로 묻고 배우는 관계 형성을 위해 노력하기보다는 효율성을 추구하는 교사가 되어 버린 것이다. 학생 한 명 한 명의 배움과 발달에 관심을 갖기보다는 과제 완수에만 급급했다. 이전에 수행한 프로젝트 수업에서도 학생 개개인의 배움을 고려했다면 모둠원 한 명이 '멱살 잡고 끌고 가는 상황'은 발생하지 않았을 것이다. 또한, 영어 단어를 활용한 환경보호 방안

구상하기를 점프과제로 설정했지만, 이 과제가 함께 협력하고 탐구할 가치가 있는 활동인지도 돌아보게 되었다.

수업 컨설팅 후 여울림 모임에서 협력학습에서의 모둠 구성과 과제의 적절성 이야기가 이어졌다. 다양한 이야기가 오가는 가운데서도 개인별 수준 차이가 많은 영어 과목에서 과연 무작위로 모둠을 구성해도 활동이 '제대로' 이루어질지 의구심이 들었다. 하지만 다음 수업 시간에 임의로 구성한 모둠에서 학생들이 영어 연설문 자료를 읽고자 질문하고 배움을 청하는 모습을 보며 내 걱정은 기우였음을 깨달았다. 학습 과정에서 '제대로'는 교사의 의도대로 이루어졌으면 하는 욕심이고, 학생은 배우려는 의지가 있을 때 '제때' 배울 수 있다. 수업에 정답이 있는 것은 아니다. 여전히 어떻게 더 나은 방향으로 배움을 이끌어 갈지에 대한 고민이 크지만, 수업의 성공은 교사의 설계가 아니라 학생이 배우고자 할 때 비로소 완성된다는 사실을 잊지 않으려고 한다.

2022년 5월 23일 배움 중심 수업 컨설팅 장면

가치 중심 수업, 학교 자율적 교육과정 주간 16+1

학교에서 교육의 의미는 무엇일까? 사교육과 달리 공교육, 특히 혁신학교에서는 지식 전달을 넘어 공유할 가치와 삶의 태도를 배우고 실천하는 기회를 제공하는 수업이 중요하다고 생각한다. 2021년부터 홍성여고에서 시작된 학교 자율적 교육과정 주간 '꿈길'은 이런 가치 중심 수업의 좋은 예시다. 어수선한 학기 말 시기에 학생들이 스스로 꿈을 탐색하고 이를 확장할 수 있는 장을 마련해 주는 시간이다. 그중 하루는 '주제 융합 교과 체험의 날'로, 학생들이 자발적으로 선택한 과목과 가치에 대해 깊이 탐구하는 활동으로 진행되었다. 운 좋게도 1학년 때부터 수업해 오던 학생들을 3학년 때까지 가르칠 수 있었고, 매년 이 시간을 통해 환경이라는 가치를 학교, 지역사회, 세계로 확장하며 심화해 갈 수 있었다.

환경에 대한 주제는 정규 수업에서도 매해 다루지만 피상적인 실천법을 나누는 데 그치는 경우가 많았다. 이 주제가 학생 개인의 실천으로 이어지길 바라며 7시간의 수업을 '자료 읽기-경험 공유-실천 방법'의 순서로 구성했다. 이 과정에서 가장 든든한 조력자는 누구보다 열정적인 원어민 선생님이었다. 3월이면 전교생 이름을 다 외울 만큼 학생들에게 관심이 깊은 덕분에 학생 수준에 따라 활동 난이도를 조정하며 영어 사용에 대한 부담을 최소화하는 학습 환경을 만들 수 있었다.

학생들이 2학년일 때는 지역사회 환경보호를 주제로 '용기내 프로젝트'를 기획했다. '용기(courage)' 있는 사람이 '용기(container)' 낼 수 있다는 표어 아래, 텀블러와 개인 용기 사용이 사회적으로 확산하던 시기에 맞춰 진행한 활동이다. 수업에서는 국내외 사례를 원서 자료로 살펴보고, 인근 카페에서 학생들이 개인 용기에 음료를 구매하며 상인을 인터뷰했다. 이후

원어민 선생님과 함께 컵케이크와 음료를 만들어 개인 용기를 가져온 학생들에게 나누어 주는 행사를 교내 협동조합에서 개최했다. 이 활동은 단순한 이벤트성 행사가 아니라 학생들이 자신의 선택이 지역사회를 변화시킬 가능성을 체감하게 했다. 교실에서 시작된 작은 움직임이 훗날 사회에서도 학생들의 가치와 행동을 이끌어 가길 바란다. 다음 사진은 당시 1학년이던 학생들이 준비해 온 대야에 음료를 받은 모습이다. 마스크에 가려진 학생들의 천진난만한 웃음에 '그래, 이게 학교지!'를 마음속으로 연신 내뱉었다.

2022년 꿈길 주간 협동조합에서 열린 용기내 캠페인

배움의 공간을 지키는 일

2년 전 혁신학교에서 맞이한 교직 경력 10년 차라는 시간은 나에게 좋은 선생님, 좋은 선배 교사, 그리고 좋은 어른으로 성장하고 싶은 열망을 안겨주었고, 홍성여고에서의 4년은 나를 끊임없이 성찰하게 했다. 가장 중요한 깨달음은 완벽하게 설계된 수업보다 학생 한 명 한 명이 자신의 속도로 배우고 성장할 수 있는 공간을 교사로서 지켜내야 한다는 것이다. 때로 계획대로 흘러가지 않는 순간이 있더라도 학생과 교사가 함께 웃고 배우며 변화를 만들어가면 그것이 곧 혁신의 의미이자 현장일 것이다. 나는 교실 문을 열 때마다 다짐할 것이다. '학생과 함께 배우고 성장하는 교사, 그것이 내가 꿈꾸는 혁신의 완성이다.'

학교 자율적 교육과정 '꿈길'

'꿈길'의 시작

「고교 서열화 해소 및 일반고 교육역량 강화 방안」(교육부, 2019.11.17.)에 따라 1단위 수업량(17회 수업)을 탄력적으로 운영할 수 있게 되었다. 1단위는 50분 수업을 기준으로 학기당 17회를 이수하는 수업량이나, 17회 중 1회의 수업은 해당 교과목 또는 타 교과목 융합형 프로젝트 수업, 보충 수업, 동아리 활동 연계 수업, 과제 탐구 수업 등, 학교가 자율적으로 교육과정을 운영할 수 있게 되었다.[교육부 고시 제2019-211호(2019.12.27.)]

이에 홍성여고에서는 **1) 학기 초 교과별 교육과정 재구조화 과정을 통한 수업량 유연화 달성, 2) 학기 말 수업 취약 시기에 교육과정 자율 주간을 운영하여 학생 진로 및 학업 역량 증진, 3) 교과별 프로그램 개설과 학생의 자발적인 참여를 통한 민주적 학교 문화 정착**을 추진 방향으로 정하고 1학기 말 한 주간을 '꿈길'이라는 이름으로 주간 운영 계획을 세웠다.

'꿈길' 주간의 세부 운영 방침으로는

- 학기 초 교과별 교육과정 재구조화 과정을 통한 수업량 유연화 달성
- 운영 유형으로 진로집중형, 동아리형, 프로젝트형을 복합적으로 실시

- 주제를 활용하여 교과 및 동아리 특색에 맞게 자율적으로 계획·운영
- 모든 학생은 반드시 1개 교과 및 동아리 프로젝트 수업을 선택
- 동아리별, 교과별로 활동형, 탐구형 프로그램 개설 운영
- 교과 융합 및 코티칭 등 다양한 형태로 운영 가능
- 진로집중 프로그램과 창의적 체험활동을 병행 실시

를 기본으로 하고, 다음과 같이 시기별 추진 계획을 세워 준비했다.

※ 운영 시기별 추진 내용

시기	추진 내용
2월	학교 자율적 교육과정 운영 방향 설정
	학교 구성원의 의견 수렴
3월	교과별, 동아리별 주제 설정 및 프로젝트 계획서 작성
	학년별 진로집중 프로그램 계획
4월	교과별, 동아리별 프로그램 확인 및 조정
5월~6월	교과별, 동아리별 프로그램 개설 및 홍보
	학생 각자 진로에 맞는 프로그램 선택
	프로그램 운영을 위한 물품 구입
	교육과정 박람회, 진로집중 프로그램 준비
7월	학교 자율적 교육과정 주간 운영
	활동 결과물 전시
	학교생활기록부 기록 및 평가

시기별 추진 계획에 따라 운영에 차질이 없도록 세부적인 점까지 고심하여 '꿈길' 주간을 준비했다.

'꿈길'의 구성과 계획

※ 2021년 학교 자율적 교육과정 '꿈길' 주간 운영 계획

날짜		1교시	2교시	3교시	4교시	5교시	6교시	7교시
7.8 (목)	1학년	주제탐구 진로활동(학년특색 활동) -진로탐색 독서활동				대학연계 학과 체험		
	2학년	진로검사 해석 및 설계 캠프(09:00~11:50)						
	3학년	주제탐구 진로활동(학급특색 활동)						
7.9 (금)	1학년	역량 키움 공동체 활동(학년 스포츠 활동)				홍여울아카데미(초청강연)		
	2학년	마을교육공동체 교육과정 운영 (마을 자원 100배 활용하기)				주제탐구 진로활동 (학급특색 활동)		
	3학년	주제 중심의 창의 융합 교과 프로젝트 수업						
7.12 (월)	1학년	주제 중심의 창의 융합 교과 프로젝트 수업						
	2학년							
	3학년							
7.13 (화)	1학년	진로검사해석 및 설계 캠프(09:00~11:50)				교육과정 박람회		
	2학년	교육과정 박람회				홍여울아카데미(초청강연)		
	3학년	주제탐구 진로활동(학급특색 활동)				기업가 정신 캠프		
7.14 (수)	1학년	주제탐구 진로활동(학년특색 활동) -진로 마인드 맵 작성하기				학생회장 선거		✕
	2학년	역량 키움 공동체 활동(학년 스포츠 활동)						✕
	3학년 1~3학급	청소년 노동교육		주제탐구 진로활동 (학급특색 활동)				✕
	3학년 4~6학급	주제탐구 진로활동 (학급특색 활동)		청소년 노동교육				✕

학교 자율적 교육과정 '꿈길'은 2021년도에 처음 기획하여 운영했는데, 학생들의 반응이 상당했다. 만족도 조사 결과 전교생의 80% 이상이 활동에 '매우 만족' 또는 '만족'을 표했다. 대단히 성공적인 마무리였으나, 이에 만족하지 않고 여러 의견을 종합하여 개선점을 찾고 보완하려 했다. 진로

로드맵에 따른 학년별 활동의 위계와 연계, 융합 교과 프로젝트 수업 운영 내실화, 교육과정 박람회의 효율적 운영 등에 대해 몇 가지 보완점을 찾았고, 해를 거듭할수록 개선하는 모습을 보였다.

※ 2025년 학교 자율적 교육과정 '꿈길' 주간 운영 계획

날짜		1교시	2교시	3교시	4교시	5교시	6교시	7교시
7.9 (수)	1학년	1학년 교육과정 박람회 (다목적실, 교실, 교과교실1)				찾아가는 진로 진학 설명회 1학년(시청각실)		
	2학년	1인 1연구 및 진로활동 결과 발표 (교실, 교과교실)				찾아가는 진로 진학 설명회 2학년(다목적실)		
	3학년	입시전략특강(시청각실)		면접특강(시청각실)		입시박람회(해솔관)		
7.10 (목)	1학년	대학 연계 학과 체험 및 전공특강 (1, 2학년 교실, 교과교실)				1인 1연구 및 진로활동 결과 발표 (교실, 시청각실)		
	2학년					2학년 교육과정 박람회 (다목적실, 교실, 교과교실2)		
	3학년	전국연합 학력 평가(3학년 교실)						
7.11 (금)	1학년	주제 중심의 창의 융합 교과 프로젝트 수업(교실, 교과교실)						
	2학년							
	3학년							
7.14 (월)	1학년	동아리별 주제탐구 프로젝트 활동 및 주제 부스 운영						
	2학년							
	3학년							
7.15 (화)	1학년	학생 자치의 날 운영 및 학생회장 선거						
	2학년							
	3학년							

2022 개정 교육과정 도입과 고교학점제의 전면 시행에 따라 2026학년도부터는 학교 자율적 교육과정이 3학년 학생에게만 해당된다. 2027년이면 자율적 교육과정이라는 명칭은 사라지겠지만, '꿈길' 주간을 운영하기 위해 꿈꿔왔던 방향성과 그 움직임은 잃지 않고 꾸준히 유지되어야 할 것이다.

'꿈길' 운영

1. 주제 중심의 창의 융합 교과 프로젝트 수업

주제 중심의 창의 융합 교과 프로젝트 수업은 주제를 활용하여 교과 특색에 맞게 자율적으로 계획·운영하는 프로그램으로, 교과별 활동형, 탐구형 프로그램을 개설하여 운영했다. '교과별 프로그램이 개설되면, 적정 인원 배정에 따른 학생 신청과, 프로그램 운영'의 순으로 진행되었다.

운영 형태는 교과 융합 혹은 교과 교사별 코티칭 등 다양한 형태로 운영했으며, 각 학년에 개설된 교과 중심 프로그램 개설을 기본 원칙으로 삼아 진로집중 프로그램과 창의적 체험활동을 병행하여 실시했다.

교과별 운영 주제 및 내용(2021년)

교과	프로젝트 주제	프로그램 내용
국어과	독서와 토론을 통해 미래 세상 읽기	책 선정 → 모둠 구성 및 독서 → 관련 영상자료 시청 → 토론 및 발표 또는 정책 제안서 작성 및 발표
영어과	Reduce Rubbish	코로나 19로 인한 일회용품 사용에 관한 영어 뉴스 읽기 → Log 작성 → 모둠별 포스터 제작 및 발표 → 업사이클링 제품 제작 → 외부 전시 및 소감문 작성
	세계 문화 역사 탐방	나라 선택 → 영어로 탑승 수속 경험(보딩패스 발권, 짐 부치기, 보안 검색대 통과) → 활동 소감문 작성 → 여러 나라의 역사와 문화 탐방 → 영어로 팸플릿 작성 → 소개 및 발표
	주제 탐구 발표 활동	샘플 강연 시청(TED 강연) → 주제 탐색 및 자료 조사 → 강연 원고 작성 및 발표자료 만들기 → 3분 프레젠테이션 발표 및 평가
수학과	재활용품을 활용한 수학 구조물 만들기	조별 구성 → 조별 토론(주제 결정) → 구조물 계획서 작성 → 구조물 만들기 → 구조물 전시 → 구조물 감상 → 소감문 쓰기
사회과	코로나 19와 4차 산업 혁명 토론 한마당	조별 구성 및 토론 주제 선정 → 토론 주제 관련 브레인스토밍 및 토론 자료 정리 → 모둠별 토론(월드카페) → 토론 내용 정리 및 소감문 작성
과학과	4차 산업혁명에 따른 신재생 에너지 개발의 필요성-골드버그 장치	모둠별 골드버그 장치 만들기 → 시연 및 발표 → (진로 관련) 미래 에너지 산업 보고서 작성

생활 교양과	생활교양교과 융합실습 활동	(기술 + 정보) DIY키트 만들기 / (가정+특수+중국어) 중국음식 만들기 → 정보 출처 표기 강의 → 카드뉴스 제작 및 소감문 작성
체육 예술과	맛과 영양짱 우리 학교 급식 한 끼 만들기	사전심리검사 → 조 편성 → 내가 짜는 우리 학교 식단표 구성하기 → 식단표 꾸미기 → 식단표 발표 → 소감문 작성

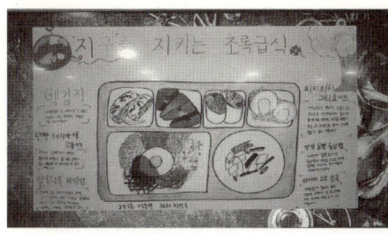

2021학년도 첫 운영에 이어, 프로젝트 수업의 수나 융합 범위가 해를 거듭할수록 다양해지고 구체화되었다. 프로젝트 구성과 운영에는 어려움이 있으나, 활동 후에는 학생과 교사 모두 보람을 얻을 수 있는 활동이라 할 수 있다. 2025학년도 프로젝트 수업 운영 계획을 소개하며, 해당 활동 소개를 마무리한다.

교과별 운영 주제 및 내용(2025년)

● 1학년 융합 프로젝트 주제 및 활동 내용

융합 교과	프로젝트 주제	프로그램 내용
수학+물리+ 미술	스파게티 면으로 다리 만들기	조별 구성 → 조별 토론(다리 구조 및 제작 방법 논의) → 구조물 계획서 작성 → 구조물 만들기 → 다리가 버틸 수 있는 최대 중량 재보기 → 소감문 쓰기
국어+사회+ 정보	AI 활용 창작수필의 진로맞춤형 재구성	국어 수업 시간에 AI를 활용하여 학생들이 창작한 수필에서 다룬 인간관계의 핵심 가치를 분석 → 개개인의 진로를 고려할 때, 핵심 가치를 어떻게 적용할지 고민하여 수필의 내용과 형태를 재구성 → 수필 쓰기가 미래 직업에서 중요한 가치를 탐색하는 과정임을 깨달음
영어+한국사 +한국지리	영어로 떠나는 배틀트립	가고 싶은 나라 선정 → 그 나라의 정보, 역사, 유적지 등 조사 → 그 나라에 대한 정보 정리하여 발표 → 비행기, 숙소, 맛집 지도 등 여행 정보를 찾아 여행 계획표 작성 → 팸플릿 or 영상 제작

통합 사회+ 환경+국어	청소년 정책 의제 발굴 프로젝트	지역사회의 다양한 문제를 인식하고 그 원인과 현상을 파악하여 합리적인 해결방안을 모색하기 위해 분과별로 활동하며 유관 기관, 정책 관련자, 지 역 멘토와 협력하여 아이디어를 도출한 결과를 정책 의제화하고 실천함.

● 2학년 융합 프로젝트 주제 및 활동 내용

융합 교과	프로젝트 주제	프로그램 내용
수학+지구 과학+생명 과학+정보 +미술	플라스틱으로부터 지구를 지켜라	AI를 활용한 플라스틱 쓰레기 양 변화 자료의 통계적 분석 → 기사, 학술자료 등을 통한 실태분석 및 시사점을 찾아 카드뉴스 제작하기 → 문제 해결 전략 수립 및 정책 제안 → 교내 폐플라스틱 배출 실태 조사 및 창의적 작품제작 계획 수립 → 재료 수집, 작품 제작활동 및 전시 → 활동 정리, 결과보고서 작성
국어+경제 +세계사	세상을 이해하는 '월드 카페'	다양한 세계 문제를 다룬 도서를 읽고, 챕터별 모둠 구성 → 모둠별 핵심 문제, 더 생각해 볼 문제, 해결방안 등을 담아 지식 상품 제작 → 모둠별 상품 사고팔기(공유 활동) → 개별적으로 활동 정리하고, 세계 문제에 대한 관점 넓히기
영어+정보 +수학+과 학+사회+ 역사+기술	Angels of National Security of ROK 국가안보(National Security) 및 국방 과학 기술 탐구 활동 중심으로	국가안보(National Security) 개념 파악 → 우크라이나 vs 러시아 전쟁 의 개요 및 전개 → 가자 지구 분쟁 탐구활동 → 각종 자료 탐구 정리 및 발표 → ROK 자주국방 방법 탐구 활동 → 경제적 주권 탐구 활동 → 국가안보란 사회 통합 방법 토론 → 국가사회 국론 통합 방법 모색 → 프로그램 시사점 정리 → 개인별 보고서 작성
통합 사회 + 환경 +국어	청소년 정책 의제 발굴 프로젝트	지역사회의 다양한 문제를 인식하고 그 원인과 현상을 파악하여 합리 적인 해결방안을 모색하기 위해 분과별로 활동하며 유관 기관, 정책 관련자, 지역 멘토와 협력하여 아이디어를 도출한 결과를 정책 의제 화하고 실천함.

● 3학년 융합 프로젝트 주제 및 활동 내용

융합 교과	프로젝트 주제	프로그램 내용
수학+물리	재활용품을 활용한 수학 구조물 만들기	사이클로이드 곡선의 수학적 개념 탐구 → 재활용품을 활용해 사이클 로이드 곡선과 직선 모양의 미끄럼틀 만들기 → 슬로우 비디오를 활 용하여 두 미끄럼틀을 내려오는 쇠구슬의 속도 비교 → 실험 결과를 통해 사이클로이드 곡선의 특징 정리
수학+국어	통계를 이용한 언론의 오류 찾아내기	통계 및 그래프 분석에 대한 도서 탐독 → 자기 관심사의 언론 기사 탐색 → 기사의 통계 자료 분석 및 오류 수정 → 기사 수정 작성 → 통계분석의 심화 내용 학습 → 학습한 내용 기반으로 통계를 이용한 기사 작성

화법과 작문+사회+과학	책과 토론으로 세상 톺아보기	모둠 구성 및 교과/진로 연계 교양서적 선정 → 모둠별 독서 및 감상 공유 → 모둠별 탐구 주제 선정 및 토의·토론 → 산출물 제작 및 발표
영어+국어+윤리	설득 기술, 영어로 만드는 광고문 제작	광고문 작성 방법 안내 및 매체 윤리 → 자기 관심사/진로에 맞는 광고문 구상 → 영어로 광고문 작성 → 광고문 제작
통합 사회+환경+국어	청소년 정책 의제 발굴 프로젝트	지역사회의 다양한 문제를 인식하고 그 원인과 현상을 파악하여 합리적인 해결방안을 모색하기 위해 분과별로 활동하며 유관 기관, 정책 관련자, 지역 멘토와 협력하여 아이디어를 도출한 결과를 정책 의제화하고 실천.

● 무학년제 융합 프로젝트 주제 및 활동 내용

융합 교과	프로젝트 주제	프로그램 내용
정보+사서+진로	빅카인즈를 활용한 뉴스 데이터 분석 및 동향 분석	뉴스 데이터를 활용한 텍스트마이닝 분석 및 시각화 → 생성형 AI 시스템을 활용하여 관심 분야 학술자료 요약
중국어+일본어+한문	한·중·일 비정상회담 토론	학생들의 주요 관심 분야에 맞추어 동양 문화권 국가의 입장으로 정책적 토론 진행
체육-음악	치어리딩 동작과 동영상 제작	치어리딩의 효과 및 필요성 설명 → 모둠 편성 → 치어리딩 동작 구성 → 음악 선정 및 음악 편집 → 완성된 동영상 촬영 → 모둠별 치어리딩 동영상 발표 → 소감문 작성
보건-미술	인체구조와 감정 콜라주 제작	인체구조 학습 및 해부학 마인드맵 → 인체와 감정의 연결 학습 → 시각화 릴레이 드로잉 → 인체 콜라주 제작 → 인체 캐릭터 감정카드 키링 만들기
통합과학+정보	내 멋대로 움직이는 강아지 만들어볼래!	블록 로봇 제작 → 탭을 이용한 코딩 업로드로 다양한 활동 구현 → 로봇 활동 영상 제작 → 정보시스템 산업의 발전 방향과 미래 사회의 로봇 활용 분야에 대한 분석
통합과학+정보	멈추지 않는 쇠구슬 롤러코스터-그래비트랙스	모둠별 쇠구슬 트랙 제작 → 시연 및 영상 제작 → 미래 에너지 산업 보고서 작성

2. 1, 2학년 교육과정 박람회 및 연계활동 운영

고교학점제 도입에 따라 학생들은 자신들의 흥미와 적성, 진로 등을 고려하여 학교 교과 수업을 선택하여 들을 수 있게 되었다. 하지만 학생들은 (특히 1학년) 교과목에 대한 이해가 많이 부족하여 자신의 실정에 맞는 교과목 파악이 어려운 상황이 되었다. 이에 학교에서는 **1) 3개년 간 학업 계획 수립을 통한 학생 맞춤형 진로활동을 제공하고, 2) 개인별 진로에 맞게 다양한 과목을 개설하고 안내하여 학생들의 과목 선택권을 보장하고, 3) 진로진학과 연계하여 배울 과목을 설계하고 관리하는 자기주도적 학생으로 성장할 수 있는 역량 강화**를 목표로 프로그램을 계획했다.

학년별로 시청각실에서 교육과정 편제표, 과목선택 시 유의 사항, 학습 설계도 등을 안내하고, 다목적실에서 교과 교사 중심으로 과목별 부스를 구성하여 질의응답 시간을 가졌다. 졸업생 멘토들의 설명 등을 곁들여 교과목에 대한 이해를 마치고, 개인별 과목 설계도 작성 및 2, 3학년 선택과목 희망조사를 했다.

대상	교시	운영 방법	장소
1학년	1교시	학년별 교육과정 편제표, 과목선택 시 유의 사항, 학습 설계도 안내 등 전체적인 교육과정 안내	다목적실
	1~3교시	교과별 과목설명회	다목적실
	4교시	과목별 질의응답 및 개인 상담	1학년 교실, 교과교실
2학년	5교시	학년별 교육과정 편제표, 과목선택 시 유의 사항, 학습 설계도 안내 등 전체적인 교육과정 안내	다목적실
	5~6교시	교과별 과목설명회	다목적실
	7교시	과목별 질의응답 및 개인 상담	2학년 교실, 교과교실

3. 마을 자원 등을 활용한 학년 특색 활동

학교 자율적 교육과정 '꿈길'은 학교 현장뿐만 아니라 지역사회와 연계한 다양한 활동들도 기획하여 운영했다.

2021학년도의 경우 지역 행복교육지구 사업 운영에 따른 '마을 자원 100배 활용하기' 프로그램을 협조받아 2학년 학생들의 학년 특색 활동으로 운영했다.

교육자원	내용
페이퍼플라워	색지를 활용한 페이퍼플라워 공예
목공, 동물	동물교감치유와 핸드폰 거치대 연필꽂이 만들기
네온사인	elwire로 나만의 네온사인 소품 만들기
수제청 만들기	여름을 시원하게 보낼 수제청 음료 만들기
바리스타 체험	핸드드립 커피 추출 실습
아트마스크	기초메이크업, 일러스트를 활용한 아트마스크 만들기
네일아트	젤을 이용한 네일아트 체험
패션소품	여러 가지 패션 부자재를 활용하여 나만의 액세서리 만들기
아이싱 쿠키	아기자기한 아이싱 쿠키 만들기
비누 만들기	melt & pour 비누 수업

한편, 2025학년도에는 학교 인근 향교를 방문하여 향교의 기능과 전통 예절 학습을 체험해보았다.

시간 학급	1교시		2교시	3교시		4교시
	08:40~09:00	09:00~10:00	10:00~10:30	10:40~11:00	11:00~12:00	12:00~12:30
1 2 3	홍주향교로 이동	전통유교문화 체험	학교로 이동	학급 특색활동 성과 발표 및 자치활동		
4 5 6	학급 특색활동 성과 발표 및 자치활동			홍주향교로 이동	전통유교문화 체험	학교로 이동

2021학년도부터 시작된 '꿈길' 주간은 교육공동체의 관심과 협력, 지속적인 피드백 반영을 통해 영양가 있는 학교 대표 학기말 프로그램으로 자리 잡았다. 여러모로 바쁜 학기말에 프로그램 준비 과정에서 어려움도 있지만, 다소 어수선할 수 있는 학기말 분위기를 다잡고, 내실 있는 교육과정 운영으로 학기를 마무리할 수 있었다. 종합하면, 1) 창의·융합형 프로그램 참가를 통한 학생의 역량 증진, 2) 교과 융합을 통한 선택형 교육과정의 단점 보완, 3) 학생의 진로와 희망을 반영하는 맞춤형 교육 환경 구축, 4) 프로그램 디자인 과정을 통한 학생의 진로 선택 및 설계의 구체화라는 측면에서 큰 성과를 얻을 수 있는 활동이라 할 수 있다.

2장.
학생자치와 주체적 성장

'학생자치'는 학교의 주인이자 변화를 만들어가는 힘이다. 홍성여고 학생들에게 자치는 '참여'의 의미를 넘어, 스스로의 생각과 목소리로 학교 문화를 만들어가는 과정이었다. 학생들은 학년과 학급, 동아리를 넘어 학교 운영에 주체적으로 참여하며, 서로의 생각을 존중하고 협력하는 민주적 문화를 일구어 왔다.

홍성여고의 학생자치는 '스스로 배우고, 함께 성장하는 학교'라는 교육의 핵심 가치와 맞닿아 있다. 이어지는 이야기는 그 주체로서 학교를 이끌어온 학생들의 발자취다. 역대 학생회장들의 생생한 경험담, 활기찬 동아리 활동, 그리고 학생 주도의 다양한 프로젝트를 통해 홍성여고 학생자치가 만들어온 변화의 여정을 살펴보자.

다양한 목소리가 만나
마음을 울리는 노래가 되기까지

김혜림(졸업생, 2016~2017년 학생회장)

필요를 발견하고 목소리를 높이다

오랫동안 학교는 정해진 틀과 절차 속에 운영되었습니다. 중요한 결정은 교사와 행정에서 마무리되는 경우가 많았고, 학생 의견은 일회성 설문이나 비공식 건의로 흩어지기 쉬웠습니다. 저는 학생회장으로서, 학생이 학교의 중요한 구성원이라면 운영과 방향에 책임감을 갖고 참여해야 한다고 믿었습니다.

이 믿음으로 '학생총회'를 기획했습니다. 한 번의 행사로 끝나지 않도록 회의록 양식, 결과 공개 방식, 담당 부서와 협의 절차를 학생회 차원에서 체계화했습니다. 누구나 발언하고, 제안이 기록으로 남아 실제 변화를 이끄는 제도적 통로를 만드는 것이 목표였습니다.

때마침 홍성여고는 충남 혁신학교로 선정되어 학생자치가 제도와 문화로 자리 잡기 좋은 환경이었습니다. 회의장에서 나온 제안이 학교 규정과 행사 운영 방식에 반영되는 모습을 보며, 참여가 일상을 바꾸는 힘을 실감했습니다. 이 글은 학생회장으로서 경험한 변화의 흐름을 기록하고, 그 경험이 앞으로도 이어지길 바라는 마음을 담았습니다.

울림을 향한 첫걸음을 내딛다

제1회 학생총회: 학생이 만드는 학교

2016년 첫 총회에서 우리는 '학생이 직접 설계하는 학교'를 이야기했습니다. 교내 환경 개선, 전자기기 사용 등 생활 속 의제를 다루며 근거와 대안을 갖춘 토론을 했습니다. 발언은 규칙에 따라 공정하게 배분되었고, 합의된 내용은 학급 게시판에 공지되었습니다. 이 과정은 많은 학생에게 "나의 의견이 변화를 만든다"는 첫 경험이 되었고, 이후 더 큰 과제를 다룰 토대를 마련했습니다.

학생독립운동기념일: 현재와 과거를 잇다

같은 해 11월, 학생독립운동기념일 행사를 새롭게 기획했습니다. 단순한 기념일을 넘어, 현재를 살아가는 우리에게 질문하고 연결하는 배움의 장으로 만들고자 했습니다. 무엇보다 교사 주도의 일정이 아닌, 학생 주도의 아이디어와 실행이 중심이 되기를 바랐습니다.

행사의 첫 순서는 '랜덤 편지'였습니다. 학년과 반을 가리지 않고 무작위로 격려와 감사를 담은 편지를 주고받으며 교실과 학년의 경계를 허물었습니다. 선생님들의 메시지를 담은 영상편지를 제작해 상영했고, 학교 곳곳에는 학생인권을 주제로 한 대자보를 붙였습니다. 옆 공간에는 학생들이 겪은 부당한 경험과 바라는 변화를 적게 했고, 그 목소리들이 모여 학교의 현주소를 보여주었습니다.

이어 세월호 희생자를 기리는 합창을 준비했습니다. 우리가 부른 곡은 〈천 개의 바람이 되어〉입니다. 각 반이 자율적으로 연습하고, 행사 당일 점심시간 종이 울리면 방송반의 반주에 맞춰 동시에 노래하는 방식이었습니다. 그것은 단순한 합창이 아니라, 잊지 않겠다는 다짐을 불러내는 의식이었습니다. 종이 울리고 반주가 나오는 순간, 교실과 복도를 넘어 교정 전체에 목소리가 겹쳐졌고, 그 울림은 하나의 위로이자 서로를 잇는 연대가 되었습니다.

모두의 목소리를 모아 약속을 만들다

제2회 학생총회: 생활협약의 제도화

두 번째 총회는 생활협약 제정을 중심으로 열렸습니다. 토론 결과는 교무실과 행정실에 각각 공식 전달되었고, 실행 가능성과 개선 방향은 투명하게 공지되었습니다. 숙의 끝에 두발·염색·파마 허용 범위 조정, 시험 기간 복장 완화, 전자기기 사용 규정의 현실화, 교사-학생 상호존중 규칙 등의 합의안이 마련되었습니다. 안전과 상호존중의 원칙을 규범으로 세우는 일은, 비극을 기억하는 공동체가 어떤 모습이어야 하는지에 대한 우리의 대답이기도 했습니다.

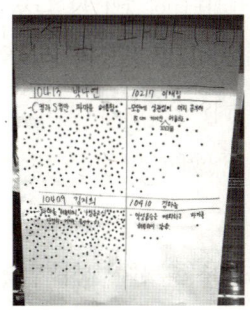
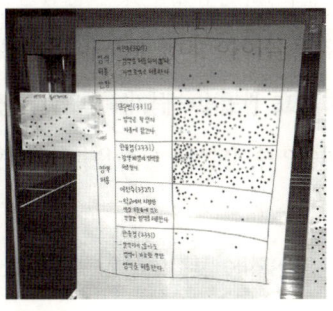

제3회 학생총회: 오픈스페이스와 참여의 확장

이듬해 우리는 교칙을 인권 관점에서 재검토하고 타 학교 사례를 분석해 참여 안내문을 만들었습니다. 제3회 총회에는 오픈스페이스 토론을 도입하여 발언권이 일부에 머물지 않게 했습니다. 주제별로 원형으로 자유롭게 모였다가 흩어지는 방식을 택하여 조용하던 학생들의 경험까지 끌어냈고, 다양한 시선에서 나온 의견들은 쟁점을 자연스럽게 해체했습니다. 수합된 의견은 보고서로 정리하여 학교에 제출했고, 저는 생활협약 제정위원회 학생 대표로 참여해 현장의 목소리를 전했습니다. 학생 의견이 학교 운영에 반영된다는 신뢰가 쌓여갈수록 학교는 점차 살아있는 공동체로 변화했습니다.

기억을 함께 부르다

세월호 3주기: 합창과 연대

2017년 4월, 세월호 참사 3주기를 맞아 전교생 추모 행사를 준비했습니다. "참여를 통한 기억의 확산"에 합의하고, 추모 엽서 쓰기 및 교내 전시, 학생회 제작 노란 리본 배포, 노란 리본 대형 퍼포먼스와 합창으로 행사를 구성했습니다. 악보 제작과 배부, 점심·저녁 시간을 활용한 연습까지 모두 학생들의 주도로 진행했습니다. 운동장에서 합창이 시작되자 전교생의 호흡은 하나의 목소리로 이어졌습니다. 그날 우리는, 잊지 않음은 감정의 머무름이 아니라 행동의 지속임을 배웠습니다.

세상으로 울려 퍼지는 목소리

행사는 SNS와 언론을 통해 알려졌고, 유가족분들께서 합창 영상을 보셨다는 소식이 전해졌습니다. "잊지 않고 기억해줘서 고맙다"는 메시지는 우리 모두의 마음을 깊이 울렸습니다. 작은 목소리도 공적(公的) 장을 만나면 더 큰 울림이 된다는 사실, 학교의 실천이 사회와 연결될 수 있다는 가능성을 확인했습니다. 기록과 공유는 기억의 범위를 넓혔고, 학교와 지역 사회 사이에 다리를 놓았습니다. 그날의 울림은 우리에게 '더 큰 연대'라는 과제를 남겼습니다.

공명(共鳴)의 노래

학교에서 이루어진 여러 활동은 학생이 스스로 책임지고 움직일 때 비로소 의미가 완성됨을 보여주었습니다. 그 과정에서 학생자치는 학생의 '권리' 주장에서 끝나지 않고, 공동체의 일원으로서 '의무'를 성실히 수행하는 과정임을 알게 되었습니다.

특히 세월호 추모 행사는 이런 깨달음을 또렷하게 확인한 경험이었습니다. 특정인의 지시나 외부 요청이 아닌, 학생들의 자발적인 의지와 참여로 행사를 진행했습니다. 그날 운동장에서 하나의 대형 리본을 완성하고 함께 부른 노래는 세대와 개인을 넘어선 공감과 행동으로 사회적 연대와 시민의식을 키웠습니다. 이는 학생자치가 단순한 교내 활동을 넘어 사회적 메시지를 담아내고 지역사회와 소통하며 변화를 이끌 수 있음을 보여주었습니다.

저는 홍성여고에서 얻은 소중한 경험을 바탕으로 사회 문제에 관심을 기울이고 해결책을 함께 모색하는 책임 있는 시민으로 성장할 힘을 얻었습니다. 학생자치에서 배운 연대의 가치는 학교를 넘어, 앞으로 마주할 더 큰 사회에서도 변함없이 저를 움직이는 원동력이 될 것입니다.

학생의 손으로, 학교를 움직이다

송혜빈(졸업생, 2022~2023년 학생회장)

학생의 손으로 학교가 움직일 수 있음을 보여준 한 해

안녕하세요, 제69회 졸업생이자 2022학년도 2학기부터 2023학년도 1학기까지 학생회장을 맡은 송혜빈입니다. 우리 학교가 혁신학교로서 10년을 걸어오는 동안, 저는 '학생자치'의 중심에서 학생들이 학교를 변화시키고 움직일 수 있음을 체험하고 증명했습니다. 학생회장으로 활동한 1년이라는 시간은 비록 길지 않지만, 그 속에는 수많은 도전과 눈부신 성장의 순간들이 담겨 있습니다. 그 소중한 경험의 조각들을 여러분과 나누고자 합니다.

새로운 바람을 불어넣은 학생회

학생회장으로서 가장 먼저 품었던 다짐은 우리 학교 학생자치를 '전과는 확연히 다른, 혁신적인 모습'으로 꽃피우는 것이었습니다. 주어진 일을 형식적으로 수행하거나 익숙한 방식을 답습하기보다는, 학생회 활동을 통해 보다 창의적이고 능동적인 가치를 창출하고 싶었습니다. 이 다짐을 현실로 만들기 위해 저는 모든 학생자치 활동을 새롭게 재구성하는 데 집중했습니다. 익숙한 방식이라 할지라도 그것이 학생들의 필요를 제대로 반영하고 있는지, 지금보다 더 활기차고 의미 있는 참여를 이끌어낼 방법은 없는지 등 끊임없는 질문을 했습니다. 이런 저희의 노력이 선명히 드러난 대표적인 예로 '셤끝제'와 '사제동행 배드민턴 대회'가 있습니다.

시험이 끝나면 우리만의 시간이 시작된다, '셤끝제'

학생이라면 누구나 시험 기간에 크고 작은 부담과 불안을 느끼기 마련입니다. 시험 직후, 학생들은 홀가분함과 동시에 '혹시 잘 못 본 건 아닐까' 하는 불안감에 사로잡히기 쉽습니다. 그래서 저는 시험이 끝난 뒤 학생들이 그 순간을 온전히 즐기며 위로받을 수 있는 우리만의 특별한 문화를 만들고자 했습니다. 그리고 그 바람을 담아 탄생한 것이 '셤끝제'입니다.

결과적으로 '셤끝제'는 저희가 예상했던 것 이상으로 학생들의 뜨거운 호응을 얻으며 우리 학교만의 독창적인 문화로 자리 잡았고, 학생들의 마음을 깊이 연결하는 의미 있는 장이 되었습니다.

함께 웃고 함께 땀 흘린 시간, '사제동행 배드민턴 대회'

'사제동행 배드민턴 대회'는 딱딱했던 교실의 경계를 허물고, 선생님과 학생 사이에 새로운 교감의 장을 열었습니다. 평소 다가가기 어려웠던 선생님들은 코트 위에서 인간적인 면모를 아낌없이 보여주셨고, 학생들은 그 모습에서 깊은 친밀감을 느낄 수 있었습니다. 물론 처음에는 '선생님과 학생'이라는 형식적인 틀 때문에 다소 어색함이 감돌았지만, 팽팽한 긴장감이 도는 경기가 이어지면서 진심 어린 응원의 목소리가 터져 나왔습니다. 때로 어설픈 스매싱에 서로 마주 보며 웃는 사이에 선생님과 학생 사이의 보이지 않던 심리적 벽은 서서히 사라졌습니다.

그렇게 함께 땀 흘리고 웃음을 나눈 시간은 평범한 체육 활동을 넘어, 학교 공동체에 새로운 유대감과 활력을 불어넣는 결정적인 전환점이 되었습니다. 코트 위에서 형성된 친밀감과 상호존중은 교실에서 오가는 대화까지 확장되며, 보다 자유롭고 소통하기 편안한 학습 환경을 만드는 데 크게 기여했습니다. 이는 서로를 존중하고 신뢰하는 따뜻한 공동체를 형성하는 계기이자, 학교 전체에 온기를 불어넣는 원동력이 되었습니다.

성공적인 혁신, 학생자치의 새로운 지평

기존 틀에서 과감히 벗어나 변화를 시도하려는 적극적인 노력 덕분에, 저희 학생회는 '섬끝제'와 '사제동행 배드민턴 대회' 등 활동마다 참신한 기획과 구성을 자신 있게 선보이며 성공을 거두었습니다.

이처럼 학생들이 단순한 참여자를 넘어 능동적인 주체로 성장하는 소중한 경험들은 우리 학교 학생자치가 확연히 다른 모습으로 성장하는 데 핵심적인 역할을 했습니다. 무엇보다, 이 행사들이 일회성 행사에 그치지 않고, 제가 졸업한 후에도 변함없이 이어지며 우리 학교의 새로운 전통이 된 점은 가장 큰 보람으로 다가옵니다.

익숙함의 벽 앞에서

학생자치를 이끌다 보면 '새로운 것'을 시도하는 것만큼이나 '익숙한 것'과 부딪히는 순간들이 잦습니다. '전례가 없다'는 이유나 "원래 그렇게 해 왔으니까"라는 말은 혁신적인 제안이 가로막히는 장벽이 되기도 했습니다. 저 역시 학생회장으로서 그 익숙함의 벽 앞에서 잠시 망설이던 순간이 있습니다.

혁신적인 프로젝트의 시작 '공.짝.마'

제가 회장단 공약사업으로 추진한 전교생 친해지기 프로젝트의 일환인 '공.짝.마(공개 짝꿍 마니또)'는 기존 방식에서 벗어나 새로운 방식으로 기획했습니다. 기존 마니또는 학급에서 익명으로 진행되던 조용한 이벤트지만,

저는 이를 전교생 대상으로 확대하고 선후배를 연결하는 파격적인 방식으로 전환했습니다. 짝꿍을 공개적으로 정하여 선후배 관계 속에서 서로를 챙기며 자연스럽게 친해지도록 하고, 나아가 학교 전체에 따뜻한 유대감을 심어주자는 취지였습니다.

그러나 이 제안을 처음 꺼냈을 때 "왜 굳이 공개적으로 해야 하느냐", "익명성이 사라지면 재미가 없을 것"이라는 강한 우려와 반대에 부딪히기도 했습니다. 그때마다 저는 활동의 진정한 의미를 한 명 한 명에게 설명하며, 익숙한 방식을 잠시 내려놓고 새로운 도전을 함께해보자고 진심으로 설득했습니다.

결국 그 노력은 빛을 발했습니다. 복도 곳곳에서 오가는 정성 어린 쪽지들, 마니또 후배가 두고 간 간식을 발견하고 환하게 웃음 짓는 아이들, 선배로서 학교생활의 '노하우'를 전수하는 다정한 모습들. 이 모든 상면은 '공.짝.마'가 단순한 행사를 넘어, 전교생이 서로를 '연결된 존재'로 인식하고 따뜻한 마음을 나누는 소중한 기회가 되었음을 선명히 보여주었습니다.

변화가 꽃피운 학생자치의 본질

이 활동은 새로운 시도임과 동시에, 학생들 간의 진정한 연결과 돌봄, 그리고 학교 안의 포용적인 문화를 만들어낸 학생자치의 성공적인 실천입니다. 익숙한 것에 질문을 하고 변화를 시도한 결과, 학교라는 공간에서 새로운 의미의 공동체를 형성했습니다.

학생자치의 장(場), '다모임'

학생회장으로서 여러 활동을 기획하고 이끌어왔지만, 가장 인상깊고 특별한 의미로 남아있는 것은 단연 '다모임'입니다. 학생회장으로 임명된 후 처음으로 전면에 나서 주도한 활동인 만큼, 반드시 성공적으로 이끌려 했던 마음이 어느 때보다 컸기에 그날 느낀 설렘과 막중한 책임감이 지금도 생생하게 남아있는 것 같습니다.

하지만 '전교생이 다 함께 모여 회의를 한다는 것' 자체는 많은 친구에게 무척이나 생경한 경험이었습니다. '이런 활동을 왜 해야 하는가?' 하는 근본적인 목적조차 이해하지 못하는 시선들도 적지 않았습니다. 학생들의 이런 반응에 직면하며, 저는 학생들이 다모임의 진정한 의미를 깨닫게 하고 모두가 학교 운영 주체로서 적극적으로 참여하는 장을 만들어야겠다고 결심했습니다.

공동체에서 '우리'로, 우리에서 '나'로

첫째 안건으로, 1년간 우리 학교의 생활 규범이 될 '학생생활협약'을 제정했습니다. 이 과정은 학생들이 학교생활의 진정한 주체로서 스스로 약속을 정하고 실천하는 방법을 체득하는 소중한 계기가 되었습니다. 더 나아가 공동체 구성원으로서의 책임감과 자율성을 함양하는 중요한 전환점이 되었다고 확신합니다.

협약에 대한 논의 후, 우리는 '전자기기 사용 자율화로 인한 문제점과 해결방안'에 대한 심도 있는 논의를 이어갔습니다. 이 논의는 문제 현상이나 규칙 위반을 지적하는 차원을 넘어, 문제의 근본적인 원인을 성찰하고 해결방안을 함께 모색하는 의미 있는 기회가 되었습니다. 특히 학생들은 자기 행동이 공동체에 미치는 영향을 새롭게 인식했고, 외부의 규제가 아닌 스스로의 필요와 공동체 의식에서 비롯된 자발적인 변화의 시발점을 마련할 수 있었습니다.

이같이 두 안건을 논의하며 우리는 학교의 다양한 과제들을 '공동체'의 몫으로만 치부하지 않고 '우리', 그리고 '나'의 과제로 인식하는 법을 배우고 연습할 수 있었습니다.

'다모임'의 울림, 성장의 씨앗이 되다

'다모임'은 학생들이 학교의 진정한 주인이자 운영 주체임을 실감하게 된 잊을 수 없는 경험이었습니다. 무엇보다 스스로 학교 문제를 해결하고 더 나은 학교 문화를 만들어갈 수 있다는 자신감을 얻은 것이 가장 큰 결실이라고 생각합니다. 단순히 참여를 독려하는 것을 넘어 문제를 인식하고 논의하며 실천하는 모든 과정은 우리 모두의 공동체 의식과 책임감을 크게 높였고, '함께'라는 가치와 우리가 만들어낼 수 있는 변화의 힘을 깨닫는 계기가 되었습니다.

이처럼 '다모임'은 제가 이후 주도했던 모든 학생자치 활동의 든든한 초석이자 영감의 원천으로 자리매김했습니다.

학생자치, 학교를 움직이는 힘

학교는 단순히 지식을 습득하는 공간을 넘어, 학생들이 민주시민으로서 성장하고 공동체의 일원으로 살아가는 법을 배우는 중요한 터전입니다.

이런 학교에서 학생들이 학교의 주인으로서 목소리를 내고, 변화를 만들어가는 것이 '학생자치'입니다. 간혹 학생자치를 단순한 행사 기획이나 규율 준수의 영역으로 축소해 보는 시선도 있지만, 저는 학교와 구성원 모두를 비약적으로 성장시키는 진정한 힘은 '학생자치'에 있다고 확신합니다.

학생자치의 중요성은 학교 안의 문제와 불편함을 가장 가까이에서 체감하는 학생들이 직접 참여해 목소리를 낼 수 있다는 데 있습니다. 학생들의 목소리를 모아 문제의식을 형성하고, 토론을 통해 해결방안을 모색하며 실천으로 옮기는 과정은 학교를 진정한 학습공동체로 이끄는 핵심 동력이 됩니다. 예를 들어, 학생생활협약을 제정하거나 전자기기 사용 문제에 대한 지혜로운 해법을 찾는 것처럼 말이죠. 이처럼 학생들이 직접 참여하여 만들어낸 변화는 강제로 정해진 규칙이 아닌 자발적인 약속으로 자리 잡습니다. 그 결과, 학교는 더욱 긍정적이고 포용적인 공간으로 변화하며, 학생들의 손길이 닿은 학교는 더욱 학생 친화적이고, 모두가 머물고 싶은 행복한 배움터로 변화하는 것입니다.

더 나아가 학생자치는 학생 개개인을 넘어 '우리' 모두를 키우는 성장 동력이 됩니다. 학생들은 자치 활동을 통해 문제를 발견하고, 논리적으로 사고하며, 타인과 의견을 조율하고 설득하는 능력을 키웁니다. 이는 교과서에서는 배울 수 없는 실질적인 문제 해결 능력과 의사소통 능력을 함양하는 과정입니다.

또한, 자신의 의견이 존중받고 아이디어가 현실이 되는 경험을 통해 큰 성취감과 자신감을 얻습니다. 나와 우리 공동체의 문제를 스스로 해결하면서 책임감을 배우고, '함께'라는 가치 속에서 공동체 의식을 함양하는 것이죠. 이런 경험들은 학생들이 사회에 나아가 어떤 어려움에 직면하더라도 당당하게 자기 역할을 수행하고, 긍정적인 변화를 주도할 수 있는 역량을 지닌 민주시민으로 성장하는 소중한 자산이 될 것입니다.

이처럼 학생자치는 학교 환경 개선에 그치지 않고, 학생들이 능동적이고 책임감 있는 구성원으로 성장할 수 있게 돕는 매우 중요한 교육적 가치입니다. 학교가 학생들이 마음껏 꿈꾸고, 배우고, 성장할 수 있는 행복한 공간이 되기 위해서는 학생자치의 '힘'을 믿고 지원하는 노력이 계속되어야 합니다. 학생자치가 활짝 피어날 때, 우리 학교는 더욱 밝고 따뜻한 배움의 공동체로 거듭날 것입니다.

글을 마치며

학생회장으로서 학생들과 함께 만들어간 활동들을 소중한 조각들로 나누어드렸습니다. 때로 익숙함의 벽에 부딪혀 망설였고, 새로운 시도에 대한 우려와 반대에 직면하기도 했습니다. 하지만 그 모든 순간을 겪으며, 저는 학생 손으로 학교를 움직인다는 말이 단순한 구호가 아니라 우리 학교의 현실임을 두 눈으로 확인하고 온 마음으로 증명했습니다.

학생자치 활동은 뭔가를 기획하고 운영하는 기술적인 경험을 넘어선, 진정한 성장의 시간이었습니다. 그 속에서 우리는 내면에 잠재된 놀라운 가능성을 깨닫고, 공동체의 힘으로 학교의 문화와 분위기를 어떻게 바꿀 수 있는지 체감했습니다. 아이디어를 내고, 함께 토론하고, 때로는 서로 설득하며 마침내 결과를 만들어내는 모든 과정에서 우리는 단순한 학생이 아닌 학교의 진정한 주체로서 책임감과 자율적인 의식을 길러낼 수 있었습니다. '섬끝제'의 뜨거운 열기, '사제동행 배드민턴 대회'에서 피어난 따뜻한

유대감, '공.짝.마'로 연결된 전교생의 마음, 그리고 '다모임'에서 보여준 성숙한 논의의 힘은 이 모든 변화가 저 혼자의 것이 아닌, 우리 모두가 함께 이룬 결실임을 선명하게 보여주었습니다.

이 모든 경험은 제 학창시절의 가장 빛나는 순간으로, 마음속에 선명히 새겨져 영원히 빛을 발할 것입니다. 이제는 학생회장이라는 이름으로 불리지 않지만, 학생자치 활동을 통해 얻은 소중한 깨달음과 공동체를 향한 열정은 제가 어떤 길을 걷든 든든한 길잡이가 되어 주리라 믿습니다.

이 글에 담긴 저희의 발자취가 우리 학교의 미래를 밝힐 다음 세대에게 용기와 영감의 씨앗이 되고, 우리 학교의 소중한 기록을 함께 나누는 모든 분의 마음속에 '학생자치'의 진정한 가치가 깊이 스며들어 새로운 희망으로 피어나기를 소망합니다.

학생 자치, 그 중심에 선
'다모임'과 학교생활협약

홍성여고는 혁신학교로서 학생 자치 활동을 학교 변화의 중요한 축으로 삼아 왔다. 단순히 행사에 참여하거나 의견을 내는 수준을 넘어, 학생들이 안건을 제시하고 토론하며 의사결정 과정에 참여할 수 있게 한 것이다. 그 중심에 바로 '학생 다모임' 활동이 있었다.

학생 다모임은 전교생이 모여 공통 안건을 두고 의견을 나누는 민주적 토론의 장이다. 운영 방식은 단순하면서도 의미가 깊다. 1~3학년까지 학년을 섞어 번호순으로 모둠을 구성하고, 그 안에서 자유롭게 토론을 펼쳤다. 주로 다루어진 주제는 휴대폰 자율 사용 방안이나 학교생활협약 제정 및 개정 같은, 생활과 직결된 사안들이다. 예를 들어, 휴대폰 자율 사용 문제를 논의할 때 학생들은 단순히 "허용할 것인가, 금지할 것인가"를 넘어, 자율 사용으로 인한 문제점을 함께 검토했다. 그리고 그 문제를 어떻게 해결할 수 있을지, 어떤 방식으로 규칙을 마련해야 할지 구체적으로 논의하며 의견을 모아갔다. 자율은 곧 책임과 함께한다는 점을 학생들 스스로 배우고 체득하는 과정이었다.

특히 학생 다모임을 통해 활발하게 논의된 주제 중 하나가 바로 학교생활협약이다. 학교생활협약은 학생에게 교칙을 일방적으로 지키도록 요구하는 규정이 아니다. 학생·교사·학부모라는 교육공동체의 세 주체가 함께 머리를 맞대고 지켜야 할 약속을 정하는 과정이다. 다시 말해, 협약은 세 주체 모두의 권리와 책임을 인정하면서 학교생활의 원칙을 함께 세워가는 약속이다.

학교생활협약의 목적은 분명했다

첫째, 교사·학생·학부모 모두가 홍성여고 교육공동체의 일원이라는 주체성을 가지고, 서로 행복하고 평화로운 학교를 만들어가는 것.

둘째, 학생 생활지도를 지시하고 강요하는 방식이 아니라, 교육 주체 간의 관계 회복과 대화를 중심으로 풀어가는 것.

셋째, 협약을 만들고 지켜가는 과정을 통해 협력과 존중이 살아있는 민주적인 학교 문화를 만들어가는 것이다.

이 협약의 기본 방향도 학생자치를 중심에 두었다. 학급회의나 학생회를 활성화하여 교실과 학급에서부터 생활 민주주의를 실현하고, 자율·자치·협약에 기초한 소통과 공감의 문화를 키워가는 것. 또한 학생 인권 존중을 바탕으로 새로운 생활교육의 원칙을 모색하고, 교사·학생·학부모가 동등하게 참여하는 공동체 협약을 통해 '행복한 학교, 안전한 교실'을 이루자는 것이었다.

실제로 개정된 학교생활협약은 세 주체 각각의 역할을 담았다. 학생 생활 협약에는 "행복한 학교생활을 위한 일상 속 실천, 자기 성장과 발전을 위한 노력, 다른 구성원을 배려하고 평화로운 관계를 만드는 약속"이 담겼다. 학부모 생활 협약에는 "자녀의 행복한 학교생활을 위해 가정에서 도울

수 있는 실천, 자녀 성장에 기여하는 부모의
역할, 학교 구성원들과 관계를 돈독히 하는
노력"이 담겼다. 교사 생활 협약에는 "학생·
학부모와 함께 행복한 학교를 만드는 실천,
교육전문가로서 자긍심을 지키고 성장하는
자세, 학생 인권을 존중하며 바른 성장을 돕
는 책무"가 담겼다.

이렇게 학교생활협약은 교사만의 규율도, 학생만의 약속도 아니었다.
학교를 이루는 모두가 함께 지켜내야 할 원칙이자 문화였다. 학생 다모임은
그 협약을 실제로 만들어가는 민주적 장이었고, 홍성여고 학생자치의 성
숙을 보여주는 소중한 과정이었다.

⟨2024~2025학년도 학교생활협약 내용⟩

학생	교사	학부모
• 자신이 맡은 역할에 최선을 다하는 학생 • 성실하고 바른 태도로 생활하는 학생 • 학교 공동체와 구성원에게 예의 바르게 행동하는 학생 • 타인을 존중하며 더불어 사는 가치를 아는 학생 • 시간 약속을 잘 지키는 학생	• 공감과 소통으로 학생의 꿈을 응원하고 성장을 돕는 교사 • 학생의 안전과 복지를 고려하며 배려하는 교사 • 학생의 민주시민의식과 공동체 역량을 이끌어 내는 교사 • 행복한 학교 공동체를 위해 협업하고 소통하는 교사 • 교육 역량 강화를 위해 노력하는 교사	• 자녀의 권리와 자기 결정권을 존중하는 학부모 • 자녀를 타인과 비교하지 않고 발전을 위해 믿고 지지해주는 학부모 • 차별과 편견을 버리고 자녀 그 자체를 사랑해주는 학부모 • 타인을 자신의 자녀와 같이 존중하는 학부모 • 자녀의 조력자가 되어 바른 길로 이끌어주는 학부모

이런 활동은 학교 차원에서만 의미가 있었던 게 아니다. 다모임에 참여
한 학생들에게도 깊은 배움과 변화를 주었다. 특히 2025~26학년도 학생회
장 김해원(2학년)은 학생자치 활동과 다모임을 경험하며 남다른 소회를 전
해주었다.(이어지는 글 참고)

민주주의를 배우는 가장 가까운 교실

김해원(2학년, 2025~2026년 학생회장)

작년부터 올해까지 학생자치활동을 하면서

작년부터 올해까지 이어진 학생자치 활동은 제게 학교 활동 이상의 의미가 있습니다. 민주주의의 중요성을 일깨워주었고, 홍성여자고등학교라는 큰 공동체에서 작은 의견부터 다수 의견까지 많은 목소리를 듣고, 이야기하고, 반영하게 했습니다.

물론 처음에는 회의와 준비 과정이 낯설었고, 학교 입장과 학생 의견 사이에서 갈등을 느끼기도 했습니다. 하지만 자치회 활동을 거듭하면서 의견을 경청하는 법과 서로 다른 생각을 조율하는 방법을 배웠습니다. 제안이 바로 받아들여지지 않아 아쉬울 때도 있었지만, 서로의 입장을 이해하고 조금씩 양보하며 합의점을 찾아가는 경험을 했습니다.

특히 학급·학년·전교 차원에서 진행된 학생 다모임은 단순한 설문조사와 달리 전교생의 의견을 직접 들을 수 있어, 자치회 활동의 방향 설정에 큰 도움이 되었습니다. 학생자치 활동을 통해 가장 크게 배운 것은 책임감과 주인의식입니다. 규칙과 행사를 만들고 운영하다 보니, 단순히 '따르는 학생'이 아니라 '만드는 학생'으로서 학교생활을 바라보게 되었습니다. 내가 내린 결정과 합의가 친구들의 하루를 바꿀 수 있다는 사실은 큰 책임감을 느끼게 했고, 그래서 더욱 신중하게 행동하려 했습니다.

수업 시간에 교과서에서 글로 배우는 '배려와 협력'이 아니라, 사람과 사람 사이에서 배려와 협력을 경험할 수 있었습니다. 학생과 교사 간 갈등이 사회적 이슈가 되는 요즘, 저는 학생자치 활동을 통해 배려와 협력을 배우고 실천할 수 있는 좋은 기회를 얻었습니다.

학생 다모임 추진 과정과 성과

지난 학기에 진행했던 학생 다모임은 각 반에 학생자치회 구성원들이 임시로 만든 소그룹에 들어가 주어진 주제를 토론하고, 반 대표가 전교생 앞에서 발표하는 방식이었습니다. 그러나 전교생이 한 공간(해솔관; 체육관)에 모이다 보니 통제가 어렵고, 발표 내용이 학생들에게 충분히 전달되지 않는다는 의견이 있었습니다.

이런 의견을 반영해 이번 학기에는 방식을 비꾸었습니다. 1, 2학년은 원래 구성된 각 반에서 학생자치회 구성원이 들어가 반 회의를 보조하고 회의록을 작성한 뒤, 자치회가 각 반의 의견을 모았습니다. 3학년은 해솔관에 모여 학생자치회가 구성한 소그룹으로 회의를 진행했습니다.

익숙한 사람들끼리 회의를 하면 참신한 의견이 많이 나오지만, 시간이 오래 걸리고 주제에서 벗어나는 경우가 생기곤 합니다. 이번에는 학생자치회가 각 반에 들어가 회의를 보조하는 방식으로 그 단점을 보완했습니다. 또한 3학년의 경우, 강당에서 네 개의 소그룹으로 나누어 회의를 진행했습니다. 새로운 조합에서 다양한 의견을 나누고, 더 신중한 결정을 내릴 수 있었습니다.

결론적으로 학년별로 서로 다른 방식을 택해, 각 방식의 장점을 살리면서도 단점을 보완할 수 있었습니다.

2024~2025학년도	2025~2026학년도
1. 자신이 맡은 역할에 최선을 다하는 학생	1. 서로의 다름을 인정하고 존중하며 배려하는 학생이 된다.
2. 성실하고 바른 태도로 생활하는 학생	2. 학교의 규칙과 약속을 잘 지키고 책임감을 갖고 행동한다.
3. 학교 공동체 구성원에게 예의바르게 행동하는 학생	3. 수업 시간에 집중하고 예의를 지키며 적극적으로 참여한다.
4. 타인을 존중하며 더불어 사는 가치를 아는 학생	4. 학교 시설과 물건을 소중히 여기고 정리정돈과 청결을 실천한다.
5. 시간 약속을 잘 지키는 학생	5. 공동체 구성원으로서 맡은 역할을 성실하게 수행하고 협력한다.

학생 다모임의 의미

학생 다모임은 단순한 회의 시간이 아니었습니다. 학교생활 속 문제를 경험하고 토론하면서 해결방안을 찾아가는 과정이었습니다. 이 과정을 통해 스스로 규칙과 가치를 만들어가는 능력을 기를 수 있었고, 단순히 어른이 정해준 규칙을 따르는 것이 아니라 '우리 모두가 함께 만든 약속'이라는 주인의식을 갖게 되었습니다.

민주적 의사결정 과정을 체험하면서, 서로의 생각을 존중하고 배려하는 협력과 소통 능력도 키울 수 있었습니다. 또 외부 음식 반입 같은 실제 생활 속 갈등 사례를 다루면서 단순히 규칙을 만드는 것을 넘어, 원칙과 예외를 구분하고 합리적으로 판단하는 힘도 길렀습니다.

이번 학생 다모임은 규칙을 합리적으로 적용하는 과정을 통해 '우리 손으로 만든 약속'이라는 주인의식을 느낄 수 있었던 중요한 활동이었습니다. 이런 경험은 학교 안에 머무는 것이 아니라, 앞으로 살아가며 자기 생각을 논리적으로 표현하고, 다른 사람과 조율하며, 책임감 있게 행동할 수 있는 역량을 키우는 밑거름이 되리라 생각합니다.

학생 다모임은 단순히 고등학교 생활 속의 한 행사가 아니라, 민주주의를 직접 체험하는 장이었고, 사회 속 민주시민으로 성장하는 소중한 경험이었습니다.

이처럼 학생 스스로 참여하고 목소리를 내는 과정은 규칙을 따르는 학생에서 규칙을 만드는 학생으로 성장하는 경험이었습니다. 다모임과 학교생활협약은 홍성여고 학생자치의 성숙을 보여주는 단면이자, 미래 사회의 민주시민으로 나아가는 연습장이기도 했습니다.

학생 동아리 이야기:
Dream Girls(글리코젠, 미인, 두각)

(1) 문화로 잇는 세계의 다리, 글리코젠(국제외교, 문화)

글로벌 리더를 꿈꾸다

홍성여고 국제 교류 동아리 글리코젠(Glycogen, Global Leaders Of Korea for Next Generation)은 이름 그대로 "다음 세대를 위한 한국의 글로벌 리더"를 키운다는 뜻을 품고 있다.

학생들은 한국 문화를 세계에 알리는 동시에 외국 친구들과 소통하며 국제적 감각과 자부심을 길러 왔다. 단순한 동아리 활동을 넘어 작은 문화외교관으로 성장하는 경험, 그것이 글리코젠의 핵심이다.

한복 입고 세계를 만나다, '로얄 팰리스 캠페인'

가장 대표적인 활동은 로얄 팰리스 캠페인이었다. 경복궁과 북촌 한옥마을을 배경으로, 학생들이 한복을 입고 외국인 관광객들에게 한국의 전통 의상과 문화를 소개하는 자리다.

한복의 색과 무늬, 그 안에 담긴 이야기를 전하며 함께 사진 찍고 대화를 나눌 때, 학생들은 문화 해설사이자 작은 외교관으로 서 있었다.

"직접 경복궁에 가서 외국인을 인터뷰하는 경험은 평소에는 할 수 없는 일이기에 더욱 뜻깊었어요. 선물을 드리며 기뻐하는 모습에 큰 보람을 느꼈습니다."_2113 유○린

"외국인에게 발음이 좋다고 칭찬받았을 때 정말 뿌듯했어요. 처음에는 두려웠지만 막상 해보니 어렵지 않았고, 자연스럽게 자신감이 생겼습니다."_2218 이○연/ 1122 정○림

마음을 잇는 대화, '1인 1펜팔'

SNS와 온라인 소통이 활발해진 시대, 글리코젠 학생들은 외국 또래와 펜팔을 통해 문화를 교류했다. 서로의 학교생활, 취미, 한국에 대한 인식 등을 묻고 답하며, 단순한 언어 학습을 넘어 세계를 더 넓게 바라볼 수 있

었다.

"영국 친구와 펜팔 하면서 세월호 사건, 독도 문제, 남북통일 문제까지 대화했는데, 그들도 알고 있다는 사실에 놀랐어요. 다른 삶을 살지만 펜팔로 가까워질 수 있다는 걸 느꼈습니다."_2212 박○주
"펜팔 친구와 대화하면서 실제로 사용하는 표현을 배울 수 있었고, 문화 교류가 즐거웠습니다. 덕분에 장래에 대한 생각까지 넓어졌습니다."_2220 이○수
"틀린 표현일지라도 용기 내어 대화를 이어가면서 회화 실력이 늘었고, 자신감도 얻었어요."_2218 이○연

역사를 기억하는 디자인, 독도 배지 제작

10월 25일 '독도의 날'을 기념해, 학생들은 독도 배지를 디자인·제작했다. 사회과학 탐구 동아리와 미술 동아리와 협력하여 도안을 공모하고 투표로 최종안을 선정했다. 완성된 배지의 판매 수익금 전액을 사이버 외교 사절단 '반크(VANK)'에 기부했다. 작은 배지 하나가 애국심을 담은 상징물이 된 것이다.

"독도는 알았지만, 지키기 위해 뭔가를 해본 건 처음이에요. 함께 의견을 모아 만든 배지를 보며 독도의 소중함을 다시 깨달았습니다."_2128 최○영
"독도에 대해 알아보고 그림과 문구를 넣어 배지를 제작했을 때 뿌듯했고, 애국심도 커졌습니다."_1601 김○빈

몸으로 전한 메시지, 광복절 플래시몹

광복절의 의미를 기념하고 널리 알리기 위해, 글리코젠은 플래시몹을 준비했다. 독립을 기념하는 음악에 맞춰 춤을 추고, 이를 영상으로 제작해 온라인에 공유했다.

모두가 하나 되어 연습하고, 협력하며 만들어낸 무대는 단순한 공연을 넘어 역사적 의미를 되새기는 배움의 자리였다.

"광복절을 기념하는 방법을 고민하다 플래시몹을 선택했어요. 짧은 준비 기간이 아쉬웠지만, 모두 협력해 영상을 완성했을 때 큰 성취감을 느꼈습니다."_2221 이○

"태극기를 들고 춤추며 광복절의 기쁨을 되새겼고, 영상이 완성됐을 때 자부심이 밀려왔습니다."_1601 김○빈

작은 외교관으로 성장하다

글리코젠의 활동은 단순한 동아리 활동이 아니라, 학생들이 문화외교관이 되어 세계와 만나는 과정이었다.

짧은 대화, 작은 배지, 하나의 공연이 모두 한국을 알리는 다리가 되었고, 그 속에서 학생들은 한국인으로서의 자부심과 글로벌 리더로 성장하려는 의지를 키워갔다.

(2) 감각을 담아내고, 세상을 물들이는 미인(美人) (미술)

첫 만남, '미인'이라는 이름 속 자유

홍성여고 교내 최초의 미술 동아리 '미인(美人)'. 이름에는 재치와 유머가 담겨 있다.

'미술에 미친 미녀들의 모임'이라는 애칭은 학생들만의 생기와 자유로움을 잘 보여준다.

전문적인 미술 소질이나 진로와 상관없이, 그림과 예술을 사랑하는 학생이라면 누구나 함께할 수 있는 열린 공간.

매년 동아리원들의 의견을 반영해 운영 방식을 바꾸며, 오래된 전통과 늘 새로운 색을 품어온 것이 '미인'의 특징이다. 매년 열리는 전시회는 홍성여고 학생들의 눈을 즐겁게 해주며, 학교 문화 속에서 작지만 빛나는 예술제를 만들어왔다.

선으로 시작된 이야기, 크로키에서 일러스트까지

미인의 하루는 작은 선으로 시작된다. 동아리 시간이 열리면 가장 먼저 진행되는 활동은 1분 크로키. 짧은 시간에 모델의 동세와 흐름을 포착하는 훈련은 관찰력과 집중력을 키워주었고, 학생들은 빠르게 선 긋는 법을 익히며 그림의 속도를 높여갔다.

그다음 이어진 활동은 자유롭고 다채로웠다.

- 주제 일러스트레이션: '브랜드 상표'를 주제 삼아 각자의 개성과 상상력을 담아낸 그림들. 똑같은 주제로도 전혀 다른 해석이 나오며 서로의 개성을 확인할 수 있었다.

- 아이디어 그림 그리기: 자연물과 인공물을 합성하여 새로운 이미지를

탄생시킨 실험적인 작품들.

- 핸드페인팅: 접시나 그릇에 그림을 그리며 생활 속에 예술을 불어넣은 시간.

- 합동작품과 점묘 명화 재현: 협업하여 상징적 인물을 다양한 그림체로 표현하거나, 점묘법으로 명화를 모작하며 표현의 깊이를 더했다.

- 입체조형: 크리스마스를 맞아 루돌프와 트리를 만들고, 트리 장식 카드를 소원 나무로 활용하며 입체적 예술의 즐거움도 나눴다.

때로는 애니메이션 장면을 각자의 스타일로 재해석하며, 같은 장면이 전혀 다른 작품으로 탄생하는 즐거움도 맛보았다.

예술로 세상에 발자국을 남기다

'미인'의 활동은 교실에만 머물지 않았다.

- 벽화 그리기 봉사: 17주 동안 매주 일요일, 지역 인근 마을의 낡은 벽을 새롭게 단장했다. 여름날 땀 흘리며 그려낸 그림들은 골목의 미관을 바꾸었고, 주민들에게 환한 미소를 선사했다. 힘들고 고된 시간이었지만, 완성된 벽화를 바라볼 때의 뿌듯함을 잊지 못했다.

- 학교 홍보 작업: 포스터와 만화, 학교 캐릭터 제작에 참여하며, 홍성여고가 학생들과 예비 신입생들에게 더 친근하게 다가갈 수 있게 했다.

- 캐릭터 키링 제작: 학생들이 디자인한 선생님 캐릭터를 키링으로 만들어 판매하기도 했다. 학생들에게는 소장품 이상의 의미가 있는 특별한 활동이었다.

- 멸종위기종 스티커 디자인: 우파루파, 해달, 팔색조 같은 희귀 동물을 소재로 스티커를 제작해, 멸종위기종에 대한 관심과 보호의 필요성을 알렸다. 작은 그림이지만 큰 메시지를 전하는 작업이었다.

이처럼 '미인'의 붓끝은 개인의 취미를 넘어 학교와 지역, 더 나아가 사회적 메시지까지 담아냈다.

붓끝에서 피어난 목소리

"동아리에서의 활동들이 정말 다양하고 재미있었는데, 그중 핸드페인팅이 가장 기억에 남아요. 아무것도 없는 접시에 그림을 그리고, 그 접시를 가족이 사용하는 걸 보니 더 열심히 하게 되더라고요. 일요일마다 했던 벽화 봉사는 힘들었지만 완성작을 보니 뿌듯했어요." _김○영 (1102)

"막연하게 들어온 동아리였는데, 접시에 그림을 그리고 동화 일러스트

를 그리면서 제 개성을 찾는 소중한 시간을 보냈어요."_박○희(1111)

"처음엔 1분 크로키가 너무 짧아서 조급했는데, 점점 안정적으로 그릴 수 있게 되면서 실력 향상이 보였어요. 생활 속 물건을 디자인하면서 '어떻게 쓰일까'를 고민하는 게 의미 있었어요."_박○진(1209)

"더운 여름, 일요일마다 나가 그린 벽화는 힘들었지만 평생 가장 의미 있는 봉사였어요. 벽이 그림으로 채워져 갈 때 정말 보람찼습니다."_이 ○민(1318)

"부장으로서 책임감이 컸지만, 열심히 따라와 준 동아리원들 덕분에 힘을 낼 수 있었어요. 자유로운 분위기에서 그림 그리며 실력이 성장하는 걸 느낄 수 있었고, 미인은 저에게 큰 의미를 준 동아리였어요."_김 ○진(2304, 부장)

자유로움이 남긴 흔적, 미인의 발자취

'미인'의 활동은 작품을 남기는 데 그치지 않았다. 한 가지 활동에 긴 시간을 두고 천천히 완성해간 덕분에 작품 하나하나의 완성도가 높았고, 깊은 고민의 흔적이 묻어났다. "자유로운 분위기에서 그림을 그리자"라는 모토 아래, 제한을 두지 않고 서로 대화하며 활동을 이어간 덕분에 동아리원들은 더 빨리 가까워지고, 서로의 생각을 공유하며 돈독한 사이가 되었다.

다만, 활동을 모아놓고 보니 그림에 편중된 아쉬움도 있었다. 조형이나 협력적인 예술 활동이 더해졌다면 동아리원들이 함께하는 즐거움이 더 커졌으리라는 아쉬움이 남았다.

그럼에도 그간의 활동은 자유와 개성을 존중하며 예술을 통해 성장한 시간이었다.

홍성여고의 '미인'은 단순히 미술 동아리가 아니라, 자신을 표현하고 세상과 연결되는 창의적 배움의 장이었다. 학생들의 손끝에서 탄생한 작품은 교내외 곳곳에 흔적을 남겼고, 그 과정에서 학생들은 예술로 성장하고, 서로의 삶을 물들이는 경험을 했다.

(3) 무대를 향한 도전과 깨달음: 두각(연극)

이름에 담긴 의미, 두각의 출발

홍성여고의 유일한 연극 동아리 '두각(DO角)'은 이름에 특별한 메시지를 품고 있다. '하다(Do)'와 '깨달을 각(覺)'을 합쳐 '행하여 깨닫는다'는 뜻을 담았고, '두각을 나타내다'라는 표현을 연상시킨다. 무대라는 낯선 공간을 경험하며 배우는 실천력, 깨달음, 그리고 학생 개개인의 잠재력을 드러내고자 하는 두각의 목표가 담겨 있다.

"두각을 하면서 많은 실망과 함께 새로운 꿈을 찾는 계기가 되었어요. 단순히 연기를 하는 것이 아니라, 더 큰 꿈, 체계적인 꿈을 꾸게 된 점에서 의미 있었어요." _이ㅇ영(2-1, 9기 부장, 연기)

대본에서 무대로, 작품이 완성되기까지

두각의 대표 활동은 단연 연극 한 편을 무대에 올리는 것이다. 하지만 그 여정은 결코 단순하지 않다. 학기 초에는 발음 훈련이나 명대사 따라

하기 같은 체험활동으로 기본기를 다지고, 이어 작품을 선정해 배역을 정한다. 배우들은 인물의 성격과 감정을 분석하고, 필요하면 대본을 수정하기도 한다. 수차례 리딩과 합주를 통해 감정을 불어넣고 대사의 호흡을 맞춰 간다. 방학 중에도 자율 연습이 이어지며, 무대를 향한 열정은 멈추지 않는다.

"무대에 서는 게 좋지만 두려움도 많았어요. 그런데 연습하고 또 연습하다 보니 무대에 서는 게 점점 편해지고, 주인공을 맡았을 때의 뿌듯함은 이루 말할 수 없었어요."_이○령(2-2, 9기 차장, 연기)

"대본 리딩으로 발성과 발음을 다듬고, 소품 아이디어를 내며 공연을 준비했어요. 동아리 활동은 협동심과 표현력을 길러주는 소중한 시간이었어요."_최○서(2-2, 연기)

충남학생연극제, 그리고 무대 경험

2학기에는 충청남도 학생연극제 참가를 목표로 준비가 이어진다. 연극 전문 강사의 지도를 받으며 학생들은 연기, 무대 동선, 조명, 소품, 분장까지 챙긴다. 작은 무대 장치 하나까지 학생들의 손길이 닿아, 연극은 온전히 학생들의 작품으로 빛난다.

"연출로서 처음에는 많이 어리둥절했지만, 점차 책임감을 갖고 배우들과 소통하며 연극제를 준비했어요. 연출의 역할이 배우 못지않게 중요하다는 걸 깨달았죠."_이○정(2-2, 연출)

"무대 공포증 때문에 두각에 들어왔는데, 여러 번 무대에 서면서 조금씩 극복할 수 있었어요. 연극은 다 같이 힘을 모아야 비로소 완성된다

는 걸 알게 됐어요." _강○현(2-2, 연기)

"연출을 맡으면서, 완성된 공연 뒤에는 수많은 연습과 헌신이 있다는 걸 처음 알았어요. 그 과정을 다 겪고 무대가 올라갔을 때의 뿌듯함은 말로 다 못해요." _김○수(1-3, 연출)

무대 뒤의 세계, 스태프의 땀방울

두각은 배우만의 무대가 아니다. 조명, 음향, 연출 등 무대 뒤의 스태프들도 각자 자리에서 연극을 만들어 간다.

"조명을 맡았는데, 생각보다 잘 안 돼서 자괴감도 들었어요. 그런데 끝까지 해내고 나니 '노력은 배신하지 않는다'라는 걸 깨달았죠." _고○실(2-1, 조명)

"음향 담당으로, 무대와 어울리는 음악을 찾고 조율했어요. 가끔 배우 대타로 무대에도 서봤는데, 그 모든 과정이 새롭고 재미있었어요." _이○진(2-1, 음향)

"연출로 활동하면서 동아리 내 갈등 조정을 맡기도 했어요. 다 같이 모여 대화하며 친해졌고, 그래서 연극을 무사히 준비할 수 있었어요." _팽○지(2-3, 연출)

함께 성장하는 무대

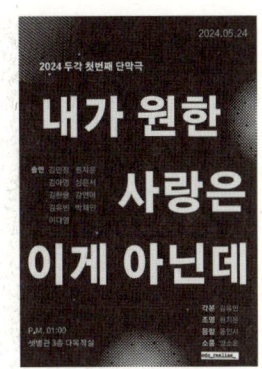

두각 활동은 단순히 공연이 아니라 학생들이 서로 배우고 성장하는 장이었다. 무대 공포증을 극복하고, 협동심을 배우며, 진로와 연결된 가능성을 발견하는 자리가 되었다.

"연극제를 준비하며 부원들과 의사소통 방법을 배우고, 평소에는 상상도 못 했던 역할을 맡으며 즐거운 경험을 했어요."_김○림 (2-5, 연기)

"상대 배우와 호흡을 맞추며 연기하다 보니 협력의 소중함을 알게 됐어요. 무대에 서는 데 자신감도 생겼고, 다른 사람을 배려할 줄 아는 나로 성장할 수 있었어요."_이○늘 (1-2, 연기)

"연기 몰입이 어려웠지만, 함께 도와주며 준비하는 과정이 정말 재미있었어요. 발음과 발성 등 부족한 점도 알 수 있었고, 좋은 배움이 됐어요."_김○원 (1-1, 연기)

교내 문화로 확산된 연극

두각에 대한 학생들의 열정은 동아리를 넘어 교내 수업으로 이어졌다. 학교는 창의적 특색 활동의 하나로 '연극 수업'을 개설해 2학년 학생들이 학급별로 주 1회 전문 강사와 함께 연극을 배울 수 있게 했다. 한 학기 동안 준비한 작품은 학기말 무대에 올려, 학급별 공연과 자체 연극제가 열렸다.

이처럼 연극은 동아리를 넘어 홍성여고 전체가 함께 누리는 문화로 자리 잡았다.

무대에서 삶을 배우다

두각은 학생들에게 단순한 연극 동아리가 아니라, 삶을 배우는 무대였다. 무대 위에서 자신감을 얻고, 무대 뒤에서 협력과 책임을 배우며, 함께 만든 작품에서 진정한 배움의 가치를 경험했다.

연극을 통해 드러난 '두각'은 학생들 각자의 성장이자, 학교 문화로 남아 이어졌다.

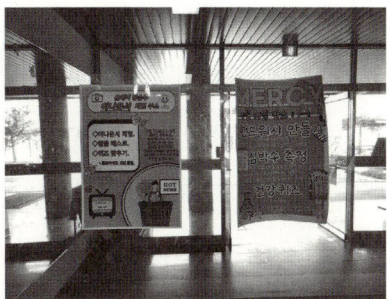

홍성여고 Dream girls '동아리 한마당'

교실 밖 체험과 탐구 활동

들어가며 – 학생이 기획하는 배움의 여정

배움은 교실 안에서만 이루어지지 않는다. 책에서 배운 지식이 삶의 울림이 되려면 직접 보고, 듣고, 느끼는 과정이 필요하다. 홍성여고가 지난 몇 해 동안 꾸준히 이어온 다양한 체험학습은 바로 이런 문제의식에서 출발했다.

특히 인문사회답사, 테마별 동아리 DIY 체험학습, 해외역사문화체험은 교과서를 넘어 현장으로 나아가는 배움의 장이었다. 학생들은 스스로 주제를 정하고 계획을 세우며 실천 경험을 쌓았고, 답사길과 체험 현장에서 생생한 현장감을 느꼈다. 또한 단순 체험에 그치지 않고 글쓰기와 토론, 창작 활동으로 이어가며 배움의 의미를 확장했다.

이 과정에서 드러난 가장 큰 특징은 '학생 중심의 주체적 학습'이라는 점이다. 교사가 짜둔 일정에 따라 움직이는 것이 아니라, 학생 스스로 기획자가 되고 참여자가 되어, 자신들의 관심과 문제의식을 담아냈다. 체험 후에는 자신이 느낀 바를 다양한 형식으로 담아냄으로써 체험학습을 통해 얻은 배움을 성장의 자양분으로 삼았다. 그래서 홍성여고의 체험학습은 단순한 견학이 아니라, 학생들의 눈빛과 질문으로 채워진 살아있는 배움의 무대가 될 수 있었다.

첫 번째, 인문사회답사 프로젝트 — 학생이 기획하고 열어가는 배움의 현장

1) 조선의 미 — 고궁 문화 역사탐방(서울)

서울의 3대 궁궐(경복궁, 창덕궁, 창경궁)과 북촌·서촌 일대를 걸으며 조선 건축의 미학과 선조들의 생활 지혜를 확인했다. 보는 데 그치지 않고, 각 장소의 특징을 기록하며 현재와 연결지어 해석하는 것이 목표였다.

답사는 경복궁 경회루 특별관람으로 시작해 국립민속박물관 관람, 통인 시장에서 엽전도시락 체험과 서촌 탐방, 이어 창덕궁 후원, 창경궁, 그리고 북촌 한옥마을과 중앙고 탐방으로 이어졌다.

현장에서 학생들은 팀별 미션을 수행했다. 궁궐의 아름다움과 생활 지혜가 담긴 장소를 찾아 촬영하고 설명하는 '궁궐의 미 찾기', 주어진 포즈와 장소를 재현하는 포즈 챌린지, 10냥(5,000원)을 이용해 자신만의 도시락을 구성하는 엽전 도시락 미션 등이 이어졌다.

이런 활동은 역사와 문화를 재미있게 배우는 동시에, 친구들과 협력하며 문제를 해결하는 역량을 기를 수 있도록 설계되었다.

김○지 학생은 "미션을 얹으니 문화재를 '보는' 데서 '읽는' 경험으로 확장되었다"라고 했다. 김○아 학생은 "궁궐 건축양식과 공간의 용도를 배우며 건축의 언어를 깨닫는 시간이었다"라고 소감을 전했다.

윤○영 학생은 "지리적 맥락을 엮어 미션을 만들자 배경지식이 활용되는 순간을 눈으로 확인할 수 있었다"라고 했으며, 장○현 학생은 "장소 선정에서 갈등도 있었지만 협력과 배려로 프로젝트를 완성해나가면서 서로에 대한 이해가 깊어졌다"라고 전했다.

2) 전주의 숨은 역사의 발자취를 찾으러 가다(전주)

전주는 한옥과 성곽, 향교와 성당 등 역사적 층위가 살아 숨 쉬는 도시다. 학생들은 전주의 구석구석을 걸으며 도시가 품고 있는 역사와 문화의 흔적을 찾아 나섰다.

답사는 전동성당에서 시작해 경기전(어진, 전주사고, 태실 등), 점심식사 후 한옥마을 탐방, 전주향교, 자만벽화마을로 이어졌다. 장소마다 역사적 의미를 배우고, 오늘날의 도시재생과 연결 지어 생각해 보았다.

특히 자만벽화마을에서는 미션 수행을 통해 벽화와 어우러진 전주의 현재를 즐기면서도 그 속에 담긴 과거의 기억을 되새겼다.

답사 전 사전 학습으로 『동학농민운동과 전주, 도시재생을 말하다』 등의 책을 읽고, 전주의 역사와 현재를 입체적으로 이해할 수 있게 했다.

학생들은 "전주의 골목을 걸으며 도시의 과거와 현재가 공존하는 장면을 느낄 수 있었다"라며, "책으로 배운 동학농민운동의 이야기가 거리의 안내판과 건축물에 살아 숨 쉬고 있었다"라고 소감을 밝혔다.

3) 별 하나에 청년, 별 하나에 소녀들 ─ 윤동주 문학기행(서울)

윤동주의 시 세계를 장소와 텍스트 그리고 낭독으로 연결하는 것이 답사 목표다.

학생들은 윤동주문학관, 시인의 언덕, 청운문학도서관, 연세대학교 윤동주 시비 등을 찾아 시인의 발자취를 따라 걸었다.

답사 전, 참가 학생들은 윤동주의 시 한 편을 분석하여 제출했다. 현장에서는 시 낭송, 퀴즈, 인증샷 미션을 통해 시와 공간을 함께 체험했다. 청운문학도서관에서의 시 낭송 체험은 시어의 울림을 몸으로 느끼게 했으며, 연세대 시비 앞에서는 자신만의 언어로 시를 다시 써 보았다. 정○영 학생은 "교과서에서 배운 시가 현장에서 살아 있는 언어로 변모하는 것을 느꼈다"라고 했으며, 김○인 학생은 "윤동주의 시와 삶을 우리 시대의 이야기로 연결하며, 시가 현재형의 언어임을 알게 되었다"라고 전했다.

진행자1(차*인)	윤동주문학관의 영상에서 나온 시의 개수는?	진행자2(정*영)
청운문학도서관에서 뽑은 시의 제목은?	진행자3 (김*인)	시인의 언덕의 큰 돌에 쓰여 있는 시의 제목은?
진행자4 (황*인)	윤동주문학관 위의 카페 이름은?	진행자5 (전*진)
〈윤동주 문학기행팀 활동지〉		

4) 당신은 민주주의를 아십니까? ─ 역사·인권 기행(서울)

학생들은 민주주의가 어떻게 만들어졌는지 확인하기 위해 한국 현대사의 민주화 현장을 찾았다.

서대문형무소, 옛 남영동 대공분실(현 경찰청 인권센터), 민주화운동기념사업회, 4·19기념관과 국립묘지를 방문하며, 민주주의의 뿌리를 몸소 체험했다.

버스 안에서는 민주화 OX 퀴즈와 영상 시청으로 배경 지식을 쌓고, 현장에서는 학생들이 가이드가 되어 친구들에게 설명했다.

각 장소에서 미션을 수행하며 민주주의를 위한 많은 이들의 희생을 기억하고, 오늘날 우리가 해야 할 역할을 생각했다.

강○영 학생은 "교과서 속 사건이 사람의 얼굴을 얻는 순간을 목격했다"라고 했고, 신○윤 학생은 "결과만 알던 민주주의에 과정의 고통을 덧입히는 경험이었다"라고 소감을 남겼다.

또한 현○희 학생은 "무관심이야말로 가장 큰 문제임을 깨닫고, 역사와 사회에 더 적극적으로 참여해야 한다는 책임감을 느꼈다"라고 했다.

5) 군산, 100년의 자물쇠를 풀다 — 역사 탐방(군산)

군산은 일제강점기 쌀 수탈의 중심지로, 문학과 역사가 교차하는 도시다. 학생들은 소설 『탁류』의 배경인 군산을 탐방하며 근대 도시의 그늘과 역사를 배우고, 과거와 현재를 잇는 시선을 키웠다.

군산근대역사박물관, 근대건축관, 군산항쟁관, 동국사, 채만식 문학관, 경암동 철길마을 등 우리나라 근대화의 흔적이 고스란히 담긴 공간들을 둘러보며 근대 사회로의 변화 과정을 생생하게 살펴보았으며, 채만식 문학관에서는 작가의 삶과 작품을 연결지어 탐구했다.

김○림 학생(팀장, 답사 목적과 필요성 및 답사의 기대효과 서술, 오리엔테이션 계획, 보고서 양식 제작 및 총 편집)은 "상상으로만 읽던 소설의 장면이 현장에서 살아나자 작품이 새롭게 다가왔다"라고 했다.

이○현 학생(오후 답사 추진 계획 작성, 활동 미션지 작성)은 "여행이 아니라 시간표가 있는 수업처럼 세밀하게 설계해야 가능하다는 걸 깨달았다"라고 전했으며, 김○슬 학생(오전 답사 추진 계획 작성, 활동 미션지 작성)은 "알던 도시도 겉과 속이 전혀 다를 수 있음을 체감했다"라고 했다.

또한 김○윤 학생(관련 도서 조사, 문학 작품 이해 학습지 제작, 퀴즈 문제 제작)은 "선생님 주도가 아닌 학생 주도 설계가 주는 배움의 깊이를 느낄 수 있었다"라고 덧붙였다.

맺으며

다섯 팀의 인문사회답사 프로젝트는 학생들이 주제를 정하고, 계획을 세우며, 현장을 걸어가며 배움의 의미를 확장해 간 참여형 학습의 결정체였다.

역사와 문화, 문학의 현장은 교과서 속 지식이 아니라, 지금 우리가 살아가는 삶과 연결된 이야기임을 체험하게 했다.

답사 후 제출한 보고서와 성찰문에는 단순한 지식 습득을 넘어, '우리의 역사가 오늘의 나와 어떤 관계가 있는가?', '민주시민으로서 어떤 책임을 지고 살아야 하는가?' 등의 질문에 대한 학생들의 깊은 고민이 담겨 있었다.

두 번째, 테마별 동아리 DIY 체험학습 — 동아리가 기획하는 배움의 현장

인문사회답사 프로젝트가 학년 단위로 진행된 학생 주도형 체험학습이었다면, 테마별 동아리 DIY 체험학습은 보다 작은 단위인 동아리 연합이 모여 스스로 주제를 기획하고 실행한 활동이다. 각 동아리의 전공과 관심사를 살려 탐방지를 선택하고, 그에 따른 체험학습을 구성한 점에서 'DIY(Do It Yourself)'라는 이름이 붙었다. 학습 주제와 방법을 학생 스스로 정하는 과정은 자기 주도적 학습의 진면목을 보여주었으며, 현장에서 느낀 경험은 이후의 토론과 보고서 활동으로 이어졌다.

1) 사회이슈 동아리 연합 — 법과 정의의 현장을 찾아서
사회이슈 동아리 연합은 대한민국의 대표 사법기관인 대법원과 헌법재

판소를 찾았다. 학생들은 대법원 내 법원 전시관을 둘러보며 우리나라 사법제도의 역사와 흐름을 익혔다. 이어 모의재판 체험에 참여해 판사·검사·변호사·피고인 역할을 나누어 맡으며, 법정에서 벌어지는 과정을 생생하게 경험했다. 짧은 시간이지만, 학생들은 법정에서 오가는 질문과 진술, 판결 과정의 긴장감을 피부로 느꼈다.

이후 헌법재판소에서는 헌법의 기본 정신과 권리 보장의 의미를 배우고, 헌법재판소가 국민의 기본권을 지키는 최후의 보루로서 해온 역할을 확인했다. 전시관에 전시된 판례 자료와 영상 자료는 교과서 내용을 현실과 연결해주는 다리였다.

현장 체험을 마친 학생들은 공통적으로 "법은 단순히 책 속의 조문이 아니라 실제 사회의 갈등을 해결하는 힘"이라는 점을 강조했다. 특히 모의재판을 마친 한 학생은 "판사 역할을 맡아 판결을 내리는 순간, 그 선택이 많은 사람의 삶과 연결되어 있다는 사실에 무거운 책임감을 느꼈다."라고 소감을 남겼다. 또 다른 학생은 "헌법재판소에서 본 판례들은 우리가 누리는 권리가 쉽게 주어진 것이 아니라는 사실을 보여주었다"라며 배움의 의미를 되새겼다.

사후 활동으로 '임신 중지 합법화' 같은 민감한 사회 쟁점을 주제로 토론이 이어졌다. 학생들은 찬반 입장을 나누고, 기본권 적용과 충돌 지점, 세계 각국 판례까지 조사하며 논의를 심화시켰다. 옳고 그름을 따지는 수준을 넘어, 법적 근거와 헌법 정신에서 사회 문제를 바라보는 새로운 시각을 키울 수 있었다.

2) 언론광고 동아리 연합 — 미디어와 소통의 힘을 배우다

언론광고 동아리 연합은 현대 사회에서 여론을 형성하고 문화를 이끄는 언론과 광고의 세계를 체험하고자 서울 일대를 찾았다. 첫 일정은 신문박물관. 학생들은 근대 신문부터 현대 디지털 뉴스까지 이어지는 언론의 변화를 한눈에 살펴보았다. 활판 인쇄기로 신문을 찍어보는 체험에서는, 손끝에 묻어나는 잉크 냄새와 묵직한 활자의 감촉에서 언론의 무게를 실감했다. 이어 광고박물관에서는 시대별 광고 자료와 다양한 마케팅 전략을 살펴보며, 단순한 홍보를 넘어 사회문화적 맥락에서 광고의 힘을 이해할 수 있었다.

현장 체험 후 학생들은 명동 일대로 이동해 거리 곳곳에서 광고와 홍보 전략을 탐색했다. 대형 전광판, 버스정류장 포스터, 길거리 배너 등 다양한 광고물에서 기업들이 사람들의 시선을 붙잡기 위해 어떤 언어와 이미지를 사용하는지 분석했다.

체험을 마친 학생들은 "광고는 단순한 상업적 도구가 아니라 사회와 사람을 잇는 메시지"라는 점을 공통적으로 언급했다. 한 학생은 "신문박물관에서 본 일제강점기 신문은 언론이 얼마나 중요한 무기일 수 있는지를 보여줬다"라고 했고, 또 다른 학생은 "명동의 광고 거리를 걸으며 소비자의 눈길을 끄는 방식이 무척 다채롭다는 걸 깨달았다"라고 소감을 밝혔다.

사후 활동에서는 명동에서 수집한 광고 사례들을 바탕으로 효과적인 광고 전략을 분석하고, 학교 행사 홍보 포스터를 기획해 보는 실습이 이어졌다. 학생들은 "배운 것을 바로 적용해보니 광고의 힘이 훨씬 실감났다"라는 반응을 보이며, 미디어 시대에 필요한 비판적 안목과 창의적 기획 능력을 함께 길렀다.

테마별 동아리 DIY 체험학습을 통해 학생들은 체험학습을 기획해 보며 더 몰입할 수 있었다. 배운 것을 바로 실행해 보니 학습의 재미가 배가 됐다고들 했는데, 활동 후 동아리 활동의 방향성을 새롭게 가늠해보는 계기가 될 수 있었다.

세 번째, 해외역사문화체험 — 세계 속에서 배우는 눈과 마음

홍성여고의 해외역사문화체험은 단순한 해외여행이 아니라 세계시민으로 성장하는 배움의 무대가 되었다. 2017학년도부터 1·2학년 학생들을 대상으로 시작된 이 프로그램은, 코로나19로 잠시 중단되었다가 2023학년도 베트남 방문으로 다시 이어졌다. 이어 2024학년도에는 일본을 찾으며, 학생들에게 새로운 시선과 넓은 안목을 열어주었다.

체험학습의 목적은 분명했다. 교육과정과 연계하여 해외의 역사와 문화를 체험함으로써 문화 다양성 교육을 실현하고, 농촌 지역 학생들에게 해외 경험의 기회를 제공해 교육 격차를 줄이는 것, 그리고 새로운 환경에서 유연한 대처와 소통 능력을 기르는 것이었다. 이를 위해 홍성군과 교육청 예산 등을 지원받아 적극 활용했고, 학생 일부 자부담이 더해져 체계적인 운영이 가능했다.

무엇보다 중요하게 생각하고 준비한 부분은 학생 선발 과정이다. 많은 예산이 투입되는 만큼 허투루 추진할 수 없었다. 학생들은 해외로 나갈 기회가 생긴다는 사실에 솔깃할 수 있지만, 단순히 해외로 나가는 기회로 비쳐서는 안 되었다. 학교 교육과정에 성실히 참여하고 세계시민으로서의 역량을 기를 준비가 되어 있는 학생들을 선발하고자 했다. 이를 위해 활용한 선발 기준은 자기소개 및 체험학습 계획서(지원 동기, 탐구 주제, 산출물 계획 등)와 더불어, 학내 활동 참여를 평가한 교육과정 수행 확인서가 반영되었다. 학생들은 평소 학생회 활동, 독서 토론, 동아리 체험학습 등 학교생활 전반에 성실히 참여해야 했으며, 이런 과정을 통해 해외 체험학습 또한 학교 교육의 연장선상에서 준비할 수 있었다.

선발된 학생들은 출발 전부터 해당 국가의 역사와 문화에 대한 자료를 읽고 토론하며 탐구 주제를 정리했다. 현장에서는 단순한 관광이 아니라 교육과정과 연결된 학습이 이루어졌다. 역사 현장에서의 직접 체험, 현지 문화 프로그램 참여 등을 통해 교과서나 매체에서 봐온 것들을 몸소 체험하고 느꼈다. 학생들은 "책에서 배운 내용이 눈앞에서 펼쳐지니 훨씬 오래 기억에 남는다"라는 반응을 보였다.

체험 후에는 탐구 주제를 바탕으로 각자 보고서를 작성하거나 카드뉴스, 사진 에세이, 영상 제작 등 다양한 방식으로 결과물을 산출했다. 이는 체험 기록에 그치지 않고, 체험을 학습으로, 학습을 성장으로 이어가는 과정이었다.

해외역사문화체험은 그 자체로 특별한 경험이지만, 더 큰 의미는 체험을 준비하고 실행하고 성찰하는 모든 과정에 있었다. 학생들은 "해외에 가서 배우는 것만큼, 준비 과정이 큰 공부였다"라고 입을 모았다. 이처럼 홍성여고의 해외역사문화체험은 학생들이 스스로 세계를 배우고, 세계와 소통하는 민주시민으로 성장하는 길을 열어주는 교육 활동이었다.

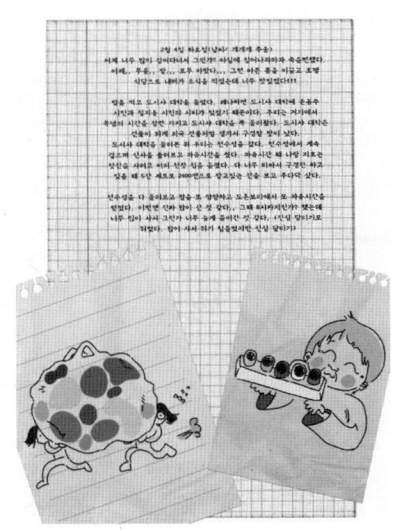

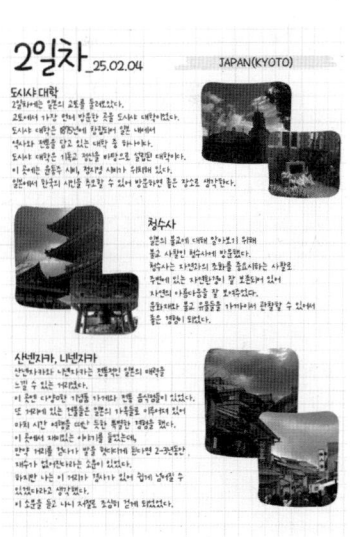

"교실에서 시작된 작은 질문이 지역을 넘어 세계로 뻗어갔다. 홍성여고의 체험학습은 이렇게 학생들의 발걸음과 시선을 확장시키며, '배움은 곧 삶'이라는 메시지를 남겼다."

학문적 성장의 장: 홍여울에서 피어나는 배움

홍성여고의 교육 활동은 지식 전달에 그치지 않는다. 학생들이 스스로 생각하고 탐구하며, 서로의 생각을 나누는 과정을 통해 성장할 수 있도록 '학문적 성장의 장'을 꾸준히 마련해 왔다.

그 중심에는 인문학아카데미, 자연과학아카데미 그리고 홍여울아카데미가 있다. 처음에는 인문학아카데미와 자연과학아카데미가 별개의 프로그램으로 운영되었다. 학생들은 자신의 흥미와 진로 방향에 따라 두 프로그램 중 하나를 선택해 활동에 참여하며, 교과서를 넘어선 배움의 기회를 확장했다. 농어촌 지역이라는 특성상 양질의 강연과 체험활동을 접하기 어려웠지만, 학교는 이 한계를 극복하고자 다양한 분야의 강사와 프로그램을 유치하여 학생들에게 넓은 지적 견문을 쌓을 수 있는 장을 제공했다.

인문학아카데미 – 생각의 지평을 넓히다

인문학아카데미는 책과 사람 그리고 토론을 중심으로 한 배움의 프로그램이다. '독서→강연→토의·토론→체험학습'의 흐름으로 이루어지며, 학생들이 책을 읽고 스스로 생각을 정리하고, 강연을 통해 새로운 시각을 접하며, 토론으로 사고를 확장하는 과정을 거친다. 이를 통해 학생들은 사고력과 표현력을 키우며 인문학적 소양을 함양할 수 있었다.

자연과학아카데미 — 탐구로 만나는 과학의 세계

자연과학아카데미는 강연과 실습을 결합한 탐구형 프로그램으로, 학생들이 실험에 참여하며 자연의 원리를 체득할 수 있도록 운영되었다. 이 과정에서 학생들은 과학 지식을 배우는 데 그치지 않고, 탐구와 실험을 통해 과학적 사고력과 문제 해결 능력을 기르게 되었다. 이를 통해 미래 사회가 요구하는 창의·융합형 과학 인재로 성장할 발판을 마련했다.

홍여울아카데미 — 동아리 중심의 융합형 학문 탐색

홍여울아카데미는 앞선 두 아카데미의 운영 경험을 확장해 만든 종합 프로그램이다.

동아리 중심으로 주제를 정하고, 관련 독서와 토론, 강연을 연계하여 진행하는 것이 특징이다. 학생들은 자신이 속한 동아리의 활동을 중심으로 관심 있는 분야를 심화 탐구하며, 사회 문제를 바라보는 안목을 키우고 공동체적 해결방안을 모색할 수 있었다. 이를 통해 스스로의 진로를 탐색하고, 학문적 성장을 도모하며 자기주도적 학습 역량을 강화할 수 있었다.

2023년도 1차 홍여울아카데미(저자와의 만남) 사전 활동지

홍성여자고등학교 (2) 학년 (2) 반, 이름 (김○채)

어떤 작가의 책을 선정하고, 강연을 들었는지 적어봅시다.
- ○ 책: 하리하라의 몸 이야기　　　　○ 저자: 이은희
- ○ 저자는 어떤 사람인가요?

대한민국의 여성 과학 분야 작가이자 칼럼니스트. '하리하라'는 이은희 작가의 필명이다. 연구원으로 재직하다가 『하리하라의 생물학 카페』라는 책이 화제가 되면서 과학언론학으로 전공을 바꾸었다. 책 출판 활동 외에도 여러 언론사에 과학 칼럼을 기고하고, 강연회를 열고 있다.

사전 활동 내용	**독서 후 전체적인 감상**	
	우리 몸과 질병에 대한 책이어서 읽기 전에는 조금 어렵지 않을까 걱정했다. 그런데 우리가 평소 알지 못했던 우리 몸과 질병에 대해 이해하기 쉽게 표현되어 있고, 중간중간 그림도 있어 즐겁게 책을 읽을 수 있었다. 또한 평소 어렴풋이 알고 있던 백신이나 면역 체계에 대해 정확히 알게 되어 좋았다.	
	책에서 인상적인 부분과 그 이유	
	백신의 기원과 종류, 그리고 그로 인해 사라진 두창, 소아마비 등 백신의 긍정적인 효과를 알게 되어 인상 깊었다. 또한 일부 백신 부작용으로 백신 접종을 꺼리는 사람들이 있다는 사실도 알게 되어, 백신의 부정적인 면까지 이해할 수 있어서 좋았다. 지금은 수술실이나 병원을 떠올리면 깨끗하고 멸균된 장소라는 생각이 든다. 그런데 불과 150년 전에는 환자를 수술하고 난 뒤 옷에 묻은 피나 고름을 성실한 의사의 상징으로 여겼다니, 몹시 충격적이었다. 또한 의사가 손을 씻지 않았을 때는 18.3퍼센트에 달했던 사망률이 손을 씻는 것만으로 1.2퍼센트로 줄어들었다는 사실이 손 씻기의 중요성을 다시금 일깨워주어 매우 인상 깊었다.	
	함께 토론하고 싶은 주제 혹은 질문	
	백신은 부작용을 일으킬 수도 있다. 그렇다면 과연 백신을 맞는 것이 좋을까?	
	다른 친구의 인상 깊은 논제 및 자신의 생각	
	항생제에 노출되면 내성이 생겨 더 이상 그 항생제가 효과가 없어지는데, 그 내성을 갖게 된 세균에 대한 새로운 항생제는 효과가 있을지 궁금하다고 한 친구의 논제가 인상 깊었다.	
	작가에게 하고 싶은 질문	
	1. 하리하라라는 필명에는 어떤 의미가 담겨 있나요?	
	2. 연구원으로 재직하다 과학언론학으로 전공을 바꾸게 된 계기가 무엇일까요?	
본 활동	**강연에서 다룬 내용을 간단히 요약해 보세요.**	
	생물의 특징에 대해 설명해주셨다. 그 후 소화에 대해 이야기하셨는데, 우리 몸이 왜 굳이 영양소를 다 쪼개서 흡수하는지에 대한 의문을 해결해주셨다. 예를 들어 단백질은 너무 커서 우리 몸이 흡수할 때 다른 미생물도 함께 흡수되기 때문에 작게 쪼개는 것이라고 한다. 마지막에는 백신 이야기를 해주셨는데, 생백신, 사백신, mRNA 백신 등 여러 종류의 백신과 그 특징을 알게 되었다.	
	가장 인상적인 점은 무엇인가요?	
	작가님이 강의 초반에 생명과학이 물리학이나 다른 과학 분야에 비해 흥미로운 이유를 설명하셨는데, 매우 흥미롭고 인상 깊었다. 예를 들어 물리학의 관점에서 보면 아파트 꼭대기 층에서 1층으로 내려갈 때 가장 효율적인 방법은 계단을 이용하는 것이 아니라 뛰어내리는 것이다. 그런데 생물은 다르다. 예를 들어 생물은 굳이 ATP를 한 번에 깨지 않고 여러 번 조금씩 나누어 깬다. 그만큼 생명은 균형이 매우 중요하고 예외가 많다는 점이 인상 깊었다.	
	소감을 구체적으로 작성해 보세요	
	생각이나 행동의 변화, 자신의 진로 관련 내용이 있다면?	
	강의 초반에 작가님이 자신을 과학 커뮤니케이터라고 소개하시면서, 과학 커뮤니케이터가 어떤 일을 하는지 알려주셨다. 과학 커뮤니케이터는 과학을 주제로 한 흥미로운 이야기나 지식을 비과학자도 이해하기 쉽게 전달해주는 일을 하는 사람이다. 과학자라고 하면 연구원이나 신약 개발, 실험과 관련된 직업만 떠올렸는데, 이번 기회를 통해 과학자 중에도 이렇게 소통을 전문으로 하는 직업이 있다는 것을 새롭게 알게 되었다.	

2023년도 2차 홍여울아카데미(저자와의 만남) 사전 활동지

홍성여자고등학교 (1) 학년 (5) 반, 이름 (박○영)

어떤 작가의 책을 선정하고, 강연을 들었는지 적어봅시다.
○ 책: 다시 태어나도 경찰   ○ 저자: 이대우
○ 저자는 어떤 사람인가요?
순경으로 임용되어 형사기동대에서 근무하며, 30여 년간 1천 명이 넘는 범인을 검거했다.

사전 활동 내용	**독서 후 전체적인 감상**	
	이 책을 읽으면서 경찰에 대해 궁금했던 내용들을 모두 알게 되었고, 사건들이 어떻게 해결되는지에 대한 과정도 자세히 나와 있어 매우 흥미로웠다. 책을 읽어나가면서 내용이 재미있고 신기해서 점점 책에 빠져들게 되었다. 또한 강력계 형사님의 이야기를 통해 근무하면서 겪은 힘들었던 순간과 짜릿했던 순간들을 알게 되면서, 경찰이라는 직업에 더욱 큰 관심과 매력을 느끼게 되었다.	
	책에서 인상적인 부분과 그 이유	
	이대우 형사님에게 유서를 남기고, 꽃뱀과 내연남의 압박에 못 이겨 세상을 떠난 남성분의 이야기가 기억에 남는다. 그 이유는 안타깝게 스스로 목숨을 끊었지만, 형사님이 그분의 사건을 조사하고 해결해 주셔서 그분의 한이 조금이라도 풀린 것 같기 때문이다.	
	함께 토론하고 싶은 주제 혹은 질문	
	1. 경찰의 역할과 문제점 2. 여경이 필요한가 3. 경찰의 수사권 강화	
	다른 친구의 인상 깊은 논제 및 자신의 생각	
	경찰이라는 직업이 단순히 범인을 잡고 사건 사고를 해결하는 직업이 아니라, 다른 사람들을 돕는 이타적인 직업이라는 것을 알았고, 경찰에 대한 시선이 바뀌게 되었다. 책 속 이대우 형사님과 다른 형사님들의 이야기들을 읽으며 놀라기도 하고, 많은 공감을 하게 되었다.	
	작가에게 하고 싶은 질문	
	학생들에게 경찰이라는 직업을 추천해주고 싶나요? 첫 출근 때 기분이 어땠나요? 형사님의 좌우명은 무엇인가요? 정년퇴임 후에는 어떤 삶을 살고 싶으신가요?	
본 활동	**강연에서 다룬 내용을 간단히 요약해 보세요.**	
	사건을 수사할 때는 보이는 대로만 보지 말고, 관심을 갖고 입체적으로 바라보아야 한다. 피의자가 정신질환이 있다면 그와 공감대를 형성하며 침착하게 대응해야 한다. 또한 경찰이 되었을 때는 자신이 잘하는 일을 찾아 수많은 부서 중에서 자신에게 맞는 부서를 선택해 즐기면서 일하는 것이 중요하다. 수사는 관심에서부터 시작되며, 소매치기를 처음 잡게 되면 그 후에는 점점 더 쉽게 잡을 수 있게 된다.	
	가장 인상적인 점은 무엇인가요?	
	형사님이 해결하신 사건들의 사진이나 사례를 보여주시며 설명해 주셔서 더 잘 이해되었고, 사건들을 어떻게 해결할 수 있을지 스스로 생각해볼 수 있도록 질문도 많이 해 주셔서 가장 인상 깊었다.	
	소감을 구체적으로 작성해 보세요	
	생각이나 행동의 변화	
	형사님이 자신의 직업에 열정을 가지고 최선을 다해 살아오신 모습이 강의 내용에서 느껴져, 해 주신 말씀 하나하나가 내 꿈인 경찰에 대해 더 깊이 생각해 보게 했다. 앞으로 꿈에 대해 끊임없이 고민하고, 내가 잘하는 것을 찾아 그 꿈을 향해 나아가겠다고 다짐하게 되었다.	
	자신의 진로 관련 내용이 있다면?	
	나의 진로는 경찰인데, 오늘 강의를 들으면서 수사에 대한 궁금증을 해결할 수 있었고, 직업에 대해 자세하고 구체적으로 설명해 주셔서 꿈을 향해 더 나아가게 되었다.	

2023년도 3차 홍여울아카데미(저자와의 만남) 사전 활동지

어떤 강사님의 강의를 들었는지 적어봅시다.
ㅇ 강사명(소속): 유원호(bHaptics)
ㅇ 강사님은 어떤 사람인가요?
카이스트를 졸업하셨고, 친구분과 메타버스 회사를 창업하셔서 메타버스 관련 제품을 만드는 분.

본 활동	

강연에서 다룬 내용을 간단히 요약해 보세요.

첫 주제는 '메타버스'였다. 강연자는 현대 사회가 점점 더 편리함을 추구하는 방향으로 발전하고 있으며, 앞으로는 핸드폰 기능을 탑재한 VR 기기가 Apple 등에서 출시될 가능성이 높다고 설명했다. 이어 가상현실(VR)과 증강현실(AR) 기술을 활용하면 실제 물건이 없어도 손에 잡히는 듯한 경험을 제공할 수 있으며, 이런 기술을 통해 집 안 가구 배치를 시뮬레이션하는 등, 실생활에 유용하게 활용될 수 있다고 소개했다.

가장 인상적인 점은 무엇인가요?

강연 중간중간에 내용 관련 퀴즈가 준비되어 있는데, 맞히면 상품을 주서서 더욱 흥미롭게 참여할 수 있었다. 특히 인상 깊었던 내용 중 하나는, 실제 물건이 없어도 손에 잡히는 듯한 느낌을 주는 제품에 대한 설명이었다. 강연자는 이 제품의 활용 사례로 산부인과 의사 교육을 예로 들었다. 출산을 돕는 훈련을 할 때 기존 인공 모형은 아기의 무게나 촉감을 제대로 표현하지 못하여 실제 상황에서 실수가 발생할 위험이 있었다고 한다. 그러나 이 새로운 제품을 사용하면 아기를 받는 듯한 느낌을 그대로 구현할 수 있어, 보다 안전하고 정확한 훈련이 가능하다고 했다. 이 이야기를 들으며, 앞으로 이 기술이 더욱 발전해 사회 전반에 널리 보급되면 의료 현장은 물론 다양한 분야에서 실수를 줄이고 안전성을 높이는 데 큰 도움이 되겠다는 생각이 들었다.

소감을 구체적으로 작성해 보세요.

생각이나 행동의 변화

첫 번째 강의 주제가 '메타버스'였는데, 평소에도 관심이 있어 스스로 찾아보던 주제여서인지 강의를 더욱 흥미롭게 들을 수 있었다. 특히 강연자께서 친구와 회사를 창업해 메타버스 관련 제품을 만들고 계신다는 이야기가 인상 깊었다. 그 도전 정신과 열정이 멋지고 대단하다고 느껴졌다. 또한 강의가 청소년 눈높이에 맞춰 준비되어 1시간 동안 전혀 지루하지 않게 몰입할 수 있었다. 강의 후에는 내가 궁금했던 점들을 포함해 세 가지 정도의 질문을 드렸는데, 강연자께서 하나하나 친절하게 답변해 주서서 감사했다.
이번 강의를 통해 메타버스에 대한 이해가 한층 깊어졌고, 관련 분야에 대해 더 많이 공부하고 탐구해 보고 싶다는 생각을 하게 되었다.

강사님께 한 질문 및 대답(궁금증 해결 과정)

1. 실제 물건이 없어도 잡는 듯한 촉감을 느낄 수 있는 제품이 있다고 하셨는데, 이 기술이 어떤 분야에서 가장 효과적으로 활용될 수 있을지 궁금하다.
2. 컴퓨터공학과처럼 IT 관련 학과에 진학하려면, 과학적 사고력과 영어 능력 중 어느 쪽을 더 우선적으로 준비하는 것이 좋을지 궁금하다.

2023년도 4차 홍여울아카데미(저자와의 만남) 사전 활동지

어떤 작가의 책을 선정하고, 강연을 들었는지 적어봅시다.
○ 책: 교육혁명 2030 ○ 저자: 이지은, 이호건
○ 저자는 어떤 사람인가요?
- 이지은 작가는 한양사이버대학교 경영정보·AI비즈니스학과 교수로, 교육공학과 정보기술경영을 전공했다.
- 이호건 작가는 청주대학교 교수로, 10여 권의 저서와 3종의 국정교과서를 집필했다.

사전 활동 내용	
독서 후 전체적인 감상	많은 교육 관련 책들이 교육 방법과 내용 전반을 바꾸어야 한다고 주장하는데, 이 책에서 특히 인상 깊었던 부분은 AI의 발전과 교육의 변화에 대한 설명이었다. 단순히 이론적인 이야기가 아니라, 곧 현실로 다가올 거라는 생각이 들어 더욱 집중해서 읽을 수 있었다. 또한, 한국 학생들의 이야기만이 아니라, 학생이라는 신분을 넘어 모든 사람의 배움에 대해 이야기하고 있어 더욱 흥미로웠다. 우리 교육에 문제가 많다는 사실은 알고 있었지만, 이 책을 통해 다시금 그 심각성을 깨닫게 되었고, 우리나라 교육의 문제점을 깊이 생각하게 되었다. 특히 미래 교육을 설명하는 부분에서는 다양한 새로운 교육 방식이 소개되었는데, 이를 읽으며 호기심이 생겼고 직접 탐구해보고 싶다는 생각이 들었다. 이제는 정말 교육이 변화하고 있으며, 앞으로도 많은 부분에서 변화가 이루어질 것을 실감하게 해 준, 배움이 큰 책이다.
책에서 인상적인 부분과 그 이유	첫 부분에서 학생, 교사, 학부모, 학교, 정부가 모두 같은 방향을 바라보며 혁명적인 사고로 나아갈 때 비로소 미래 교육이 실현되고 밝은 미래가 올 거라는 내용이 나온다. 이 문장이 처음부터 강렬한 인상을 남겼고, 저자의 확신이 느껴져 책을 계속 읽고 싶다는 생각이 들었다. 또한, 미래의 4차 산업혁명과 디지털 교육에 대한 설명은 평소 알고 싶었던 주제라 특히 흥미로웠다. 덕분에 더욱 집중하며 열심히 읽을 수 있었고, 앞으로의 교육 변화에 대한 이해를 넓힐 수 있었다.
함께 토론하고 싶은 주제 혹은 질문	교육의 전반적인 부분이 인공지능으로 바뀔 수 있다고 생각하는가? 교육의 상당 부분이 인공지능으로 바뀐다면, 이를 받아들일 수 있는가? 인공지능 중심 교육으로 변화했을 때의 장단점은 구체적으로 무엇이 있는가?
다른 친구의 인상 깊은 논제 및 자신의 생각	어떤 친구가 미래 교육이 학생들에게 어떤 교훈을 줄지에 대해 질문했는데, 나와 달리 전체적으로 긍정적인 시선으로 미래 교육을 바라보는 듯해 놀랐으며, 그 친구의 질문이 흥미로웠다. 나 역시 미래 교육이 어떤 부분에서 긍정적인 영향을 미치고, 어떤 교훈을 줄지 의문과 궁금증을 갖게 되었다.
작가에게 하고 싶은 질문	이 책을 읽기 전, 그리고 지금도 인공지능 기반 교육에 대해 부정적인 입장입니다. 저처럼 이런 생각을 하는 사람들이 많을 텐데, 이런 사람들이 인공지능 기반 교육을 긍정적인 시선으로 바라볼 수 있게 하려면 어떤 설명을 해 주실 건가요?

맺으며 — 학교 안에서 피어난 학문의 숲

인문학아카데미, 자연과학아카데미, 그리고 홍여울아카데미는 각기 다른 모습으로 운영되었지만, 그 안에 흐르는 배움의 정신은 하나였다. 책을 읽고 생각을 나누며 인문학적 소양을 키우고, 실험과 탐구를 통해 자연의 질서를 배우며, 동아리와 함께 스스로 주제를 찾아가며 사회를 바라보는 시야를 넓히는 과정은 모두 '스스로 성장하는 학문 공동체'를 이루어가는 여정이었다. 농어촌이라는 지역적 한계를 넘어 다양한 강연과 체험 프로그램을 접하며, 학생들은 교실에서 배운 지식을 삶과 연결지을 수 있었고, 이를 통해 자신만의 진로와 꿈을 설계할 수 있는 힘을 길렀다.

이 세 아카데미가 쌓아 올린 배움의 경험은 단순한 활동의 기록을 넘어, 서로의 생각이 모여 숲처럼 자라나는 지적 성장의 발자취로 남게 될 것이다. 앞으로도 홍성여고는 학생들이 마음껏 배우고 질문하며, 세상과 소통하는 창의·융합형 인재로 성장할 수 있도록 그 숲을 더욱 풍성하게 가꿔나갈 것이다.

홍보 포스트 제작

3장.
마을·지역과 함께하는 학교

'마을·지역과 함께하는 학교'는 학교 울타리를 넘어 삶의 현장에서 배우고 나누는 교육의 또 다른 이름이다. 홍성여고는 지역 연계를 통해 실제 사회에서 배움의 의미를 확장할 수 있도록 다양한 시도를 이어왔다. 교실에서 익힌 지식이 지역 공동체에서 살아 숨 쉬도록, 학교는 마을과 손을 맞잡고 함께 성장해왔다.

다양한 시도들을 통해 홍성여고는 '학교는 지역의 중심이자, 마을은 학교의 교실'이라는 가치를 실현해 가고 있다. 이어지는 이야기는 그 현장에서 피어난 학생들의 성찰과 성장의 기록이다. 참학력 특공대의 따뜻한 멘토링 이야기, 우리 지역과 함께한 진로 탐색의 순간들, 그리고 마을의 문제를 함께 고민한 탐구 프로젝트를 통해 홍성여고가 만들어가는 '마을과 함께 자라는 학교'의 모습을 돌아보자.

함께 성장하는 배움의 공동체: 참학력 특공대

홍성여고의 참학력 특공대는 단순한 봉사활동을 넘어, 교육의 본질을 실천하며 지역과 함께 성장하는 배움의 프로젝트다.

홍성여고에는 교육계 진로를 꿈꾸는 학생들이 많다. 교대나 사범대 진학을 희망하는 학생들이 학교에서 배운 지식을 바탕으로 수업을 설계하고, 자신이 그린 교육자의 꿈을 미리 체험해 본다는 것은 큰 의미가 있다. 한편 홍성은 농어촌 지역으로, 작은 초·중학교가 많다. 특히 학생 수가 적은 학교일수록 다양한 학습경험을 제공하기 어렵다. 참학력 특공대는 바로 이 두 가지 필요성을 연결하는 다리 역할을 한다. 멘토로 나선 홍성여고 학생들은 자신의 교육적 역량을 갈고닦으며 성장하고, 초·중학생 멘티들은 멘토와의 만남을 통해 부족했던 학습경험을 보충하고 자신감을 키워간다. 이렇게 서로가 서로를 키워주는 순환의 배움 속에서 '함께 성장하는 지역 교육 공동체'가 만들어진다.

함께 배우며 함께 자라는 시간

1·2학년 중심으로 20여 명 내외가 매년 참여한다. 절반은 초등학교, 나

머지 절반은 중학교 멘토링을 맡아 각각 서부초등학교와 홍성서부중학교로 향한다. 활동은 한 달에 한 번, 토요일 오전 9시부터 12시까지 세 시간 동안 집중적으로 이루어진다. 오전 활동 후에는 함께 점심을 나누며 친밀감을 쌓는다. 홍성여고 멘토들은 수학, 영어, 국어 같은 교과학습을 돕는 것에서 그치지 않고, 독서와 토론, 상담을 곁들여 멘티들의 마음을 살피고, 체육 활동을 함께하며 자연스러운 친밀감을 형성한다. 멘토 학생들은 단순히 교과 내용을 알려주는 데 머물지 않는다. 수업 자료와 활동지를 기획하며, 교사 입장에서 수업을 바라보는 새로운 시각을 키워갔다. 멘토들은 책임감을 갖고 준비하고, 예비 교육인으로서 아이들에게 전달할 내용을 진지하게 연구했다. 그 덕에 멘티로 참여한 초등학생과 중학생들도 스스로 발표하며 문제를 해결하는 과정에서 자신감이 자라날 수 있었다. 농어촌 소규모 학교에서 접하기 어려운 다양한 학습경험을 체험하며 학습 흥미와 동기를 높이는 의미 있는 시간이었다.

현장 이야기 — 기자가 바라본 참학력 특공대

"누나~~~ 머리가 길어요!"

"언니~~~ 또 언제 올 거예요?"

"왜? 보고 싶어?"

조용하던 시골 초등학교가 갑자기 분주해졌다. 전교생 56명인 서부초등학교에 예비 선생님들이 찾아왔기 때문이다.

홍성여고의 교육 봉사동아리 '특공대'는 '특별하게 공부 봉사로 원하는 대학 가자'의 줄임말로, 교대나 사범대 진학을 꿈꾸는 학생들이 조직한 교육봉사 동아리다. 매년 3월, 면접을 통해 20여 명의 멘토를 선발하는데, 경쟁률이 상당히 높다.

특공대가 학교에 도착하자, 기다리던 아이들이 달려와 안겼다. 교육활동이 이루어지는 교실에서 아이들에게 "언니들하고 있으니까 좋아요?"라고 묻자, "네! 좋아요!", "재미있어요!", "언니들이 친절해서 좋아요!", "저도 언니들처럼 돼서 동생들에게 가르쳐주고 싶어요." 등의 대답이 쏟아졌다. 멘토들은 교육봉사 전 주부터 교재와 교구를 준비하며 어떤 방식으로 학습할지 토론하고 계획을 세운다.

서부초 근무 교사는 "홍성여고 학생들이 와서 우리 아이들에게 꿈과 희망을 심어주고, 본인들도 교사의 꿈을 키워가는 모습이 참 흐뭇합니다."라고 전했다.

중학교에서는 초등학교와 달리 교과학습 중심 멘토링이 진행된다. 어려운 수학 문제를 쉽게 설명하거나 영어 회화를 함께하며 학습을 돕고, 고등학교 진학 상담이나 고민 상담까지 이어간다.

멘토로 참여한 한 홍성여고 2학년 학생은 "중학교 때부터 교사가 꿈이었어요. 멘티들이 제 설명을 진지하게 들어줄 때 감사함을 느껴요. 또래라서 친구처럼 대화할 수 있다는 점도 큰 장점이에요."라고 말했다.

출처: 오마이뉴스, 신영근 기자 기사(17.6.18.) 내용 일부 재구성

참학력 특공대 활동의 의미와 성장
: 교육적 소명을 깨닫다

참학력특공대 봉사활동을 통한 성장과 교육적 소명

저는 여고 시절 '참학력 특공대' 봉사활동에 참여하며 단순한 봉사 이상의 뜻깊은 경험을 쌓을 수 있었습니다. 그리고 졸업 후 교육 분야에 진출하여 지금은 그때의 경험이 얼마나 소중하고 큰 자산이 되었는지 깊이 깨닫고 있습니다. 참학력특공대에서의 활동은 교육의 의미를 다시 생각하게 하고, 진로를 구체화하는 계기가 되었습니다.

다양한 체험 중심 교육 활동을 통한 소통과 학습 지원

참학력특공대는 초등학생을 대상으로 다양한 교육 지원 활동을 펼쳤습니다. 저는 과학 수업과 연계한 '화산 폭발 실험' 프로젝트에 참여해 아이들과 소통하며 학습을 돕는 역할을 맡았습니다. 이 활동은 교과서에 나오는 내용을 전달하는 데 그치지 않고, 실제로 화산이 폭발하는 모습을 모형과 화학 반응을 통해 체험하는 시간이었습니다.

아이들은 실험이 시작되자 눈을 반짝이며 집중했고, 실험 과정에서 나타나는 색 변화와 연기, 소리 등을 통해 과학 개념을 더욱 생생하게 이해했습니다. 저 또한 실험 준비부터 진행까지 전 과정을 함께하면서, 어떻게 하면 아이들의 흥미를 유발하고, 질문에 친절하게 답할 수 있을지 고민했습니다. 이 과정에서 교육자로서 '학생 눈높이에 맞는 설명의 중요성'과 '호기심을 자극하는 수업의 힘'을 느낄 수 있었습니다.

또한, 이런 체험 중심 수업은 저에게 단순한 지식 전달을 넘어 학생과의 상호작용을 통해 교육적 신뢰를 쌓는 경험이었습니다. 아이들이 과학을 어려워하거나 두려워하지 않도록 돕는 역할은 매우 보람찼고, 이를 통해 저 자신도 교육자로서의 경험과 성장을 이끌 수 있었습니다.

창의적 놀이 활동과 소통을 통한 공감 능력 배양

참학력특공대의 또 다른 주요 활동은 아이들과 함께하는 창의적 놀이 프로그램 운영이었습니다. 화채 만들기, 종이접기, 색종이 공예 등 다양한 체험활동을 기획하고 진행했습니다. 저는 화채 만들기 활동을 맡아 아이들이 각자 좋아하는 과일을 고르고 화채 만드는 과정을 도왔습니다.

아이들과 손 씻고 재료를 손질하며 자연스럽게 대화가 이어졌고, 단순한 놀이가 아닌 '함께 만들어가는 경험'이 되었음을 느꼈습니다. 아이들은 자기 생각을 이야기하며 웃음이 끊이지 않았고, 저도 아이들의 순수한 마음과 솔직한 반응에 큰 위로와 기쁨을 얻었습니다.

특히, 이런 활동에서 중요한 점은 '눈높이 소통'이었습니다. 아이들 말에 귀기울이고, 작은 성취에도 칭찬과 격려를 아끼지 않으며 신뢰를 쌓아갔습니다. 이를 통해 자연스레 공감 능력이 길러졌고, 아이들의 감정을 이해하는 데 큰 도움이 되었습니다. 이런 경험은 교육 현장에서 학생들의 마음을 읽고 적절히 대응하는 데 매우 중요한 자산이 되었습니다.

멘토-멘티 활동을 통한 책임감과 리더십 함양

참학력특공대 활동 중 가장 의미 있었던 부분은 초등학생과의 멘토-멘티 관계 맺기였습니다. 일정 기간 동안 한 아이와 깊이 교류하며 학습지도뿐 아니라 정서적 지원도 했습니다. 저는 한 초등학생 멘티를 맡아 주기적으로 만나 학교생활과 친구 관계에 관한 고민을 듣고, 함께 문제를 해결하는 데 도움을 주었습니다.

이 과정에서 멘토로서의 책임감을 절실히 느꼈습니다. 단순히 학습 내용을 알려주는 것을 넘어, 아이가 자신의 문제를 스스로 생각하고 극복할 수 있게 돕는 '조력자'의 역할을 했습니다. 매주 만나면서 아이가 조금씩 자신감을 회복하고 밝아지는 모습을 보며 큰 보람을 느꼈습니다.

또한, 멘토 역할을 수행할 때는 자연스럽게 리더십을 키우는 시간이기도 했습니다. 아이가 어려움에 처했을 때 신중하게 조언하고, 상황에 따라 격려와 엄격함을 적절히 조절하기가 쉽지 않았지만, 그런 경험을 통해 '성숙한 교육자'의 자세를 익힐 수 있었습니다. 멘토-멘티 활동은 교육자의 소명감을 심어주는 소중한 시간이었으며, 교육자로서 아이들을 이해하고 돕는 데 큰 밑바탕이 되었습니다.

교육에 대한 진로 탐색과 성장의 계기

참학력특공대 활동을 통해 교육 현장의 실제 모습을 체험했고, 교육의 의미를 깨달았습니다. 단순한 봉사활동을 넘어 '교육이란 무엇인가'라는 근본적 질문에 답을 찾는 시간이었고, 이를 바탕으로 진로에 대한 고민을 구체화할 수 있었습니다.

활동 당시에는 교사, 상담사, 유아교육자 등 다양한 교육 관련 진로를 탐색했고, 무엇보다 '사람을 돕고 함께 성장하는 직업'이라는 점에 큰 매력을 느꼈습니다. 졸업 후 교육 분야에 진출하여 현재는 초등학교 교사로서, 참학력특공대 때 쌓은 경험과 배움을 바탕으로 아이들과 소통하며 성장하고 있습니다.

특히, 봉사활동에서 배운 '학생 눈높이 맞추기', '공감과 소통', '책임감 있는 리더십'은 현장에서 학생들을 이해하고 지도하는 데 매우 유용한 역량이 되었습니다. 참학력특공대가 저에게 가르쳐준 '교육은 지식 전달을 넘어 사람과 사람이 만나 서로 배우는 과정'이라는 가치는 평생 잊지 못할 소중한 교훈입니다.

참학력특공대 봉사활동은 지식 중심 교육을 넘어, 더불어 사는 삶과 실천적 배움의 가치를 일깨워준 특별한 교육 활동이었습니다. 저에게는 단순한 봉사를 넘어 교육적 소명을 발견하고 진로를 구체화하는 뜻깊은 시간이었으며, 교육자로서의 자세에 좋은 밑거름이 될 것입니다.

박세연(2020년 졸업생)

현재로 이어지는 실천 — '사부일체'로 이어가는 꿈

2025년 현재, 홍성여고에는 여전히 교육 분야로 진로를 꿈꾸는 학생들이 많다. 교육계의 꿈을 가진 홍성여고 학생들은 '사부일체'라는 동아리에서 그 정신을 이어가고 있다. '참학력 특공대'라는 이름은 사라졌지만, 지역과 함께하는 교육공동체를 만들기 위한 노력과 그 명성은 계속되고 있다. 이제 활동 범위는 초중학교 교실을 넘어 청소년 수련관으로 확장되었다. 방과후 아카데미와 협업하여 교육, 요리, 정보, 문화 등 다양한 진로 분야를 주제로 프로그램을 운영하고, 초중등학생들이 보다 풍부한 체험을 할 수 있도록 돕고 있다.

마을 교육자원을 활용한 특색 있는 프로그램 운영을 통해 지역사회로 교육 공간을 확대하여 다양한 교육 기회를 제공하면서 마을과 학교가 함께 성장하는 마을교육공동체 구현에 이바지하고 있다. 이 활동을 통해 홍성여고 학생들은 교육자가 지식을 전하는 사람만이 아니라 마을과 함께 성장하는 지역의 동반자임을 배우고 있다.

참학력 특공대는 단순한 멘토링 프로그램이 아니라, 교육의 씨앗을 심고 꿈을 키우는 지역 연계 프로젝트였다. 멘토로 나선 홍성여고 학생들은 자신의 꿈을 미리 실천하며 교사의 길을 탐색했고, 멘티로 만난 초·중등 학생들은 배움의 즐거움을 발견하며 자신의 가능성을 넓혔다.

그리고 지금, 그 정신은 '사부일체' 동아리로 이어지며, 학교와 마을이 함께 성장하는 교육공동체를 만들어가고 있다. 이 활동은 "나눔을 통한 성장"이라는 교육의 본질을 보여주는 소중한 사례로 남아, 더 많은 학생과 마을의 꿈을 키워갈 것이다.

우리 지역 진로체험활동 — 지역에서 꿈을 찾다

우리 지역 진로체험활동은 학생들이 자신의 진로를 스스로 탐색하고 설계할 수 있도록 돕기 위해 마련된 프로그램이다. 교실에서 진로 정보를 배우는 것을 넘어, 현장을 탐방하고 체험하면서 진로와 직업 세계를 경험할 수 있는 활동이다.

이 프로그램은 학생들이 모둠을 이루어 스스로 주제를 선정하고, 체험학습 계획서를 작성하여 실제 현장에서 활동까지 이어가는 것이 특징이다. 이런 과정에서 학생들은 자기 주도성, 협력적 문제 해결 능력, 그리고 소통 역량을 자연스럽게 기르게 된다.

활동은 지역사회와의 연계를 바탕으로 이루어진다. 학생들은 우리 고장의 대학, 기관, 기업 등을 탐방하며 지역의 다양한 직업 세계와 문화적 자원을 이해하고, 이를 통해 자신의 진로와 지역의 가치를 함께 발견한다. 특히 농어촌 지역에서 쉽게 접하기 어려운 다양한 진로체험 기회를 제공함으로써 교육 격차를 줄이고, '마을과 함께하는 교육공동체'를 실현하는 데 의미가 있다.

체험 후에는 조별 보고서를 작성하고 발표하며, 자신이 경험한 내용을 정리하고 성찰한다. 이 과정은 학생부 종합전형 등 진학 준비에도 실질적인 도움이 될 뿐 아니라, '어떤 길을 가야 하는가'에 대한 깊이 있는 성찰로 이어진다.

홍성여고의 진로체험활동은 학생들이 지역에서 배우고, 성장하며, 미래를 그리는 배움의 여정이다. 이는 단순한 견학이 아니라, 스스로 기획하고 실천하며 꿈을 그려나가는 살아있는 진로 교육의 장이다.

홍성여고 학생들은 자신들의 관심사와 진로 희망 분야를 바탕으로 직접 주제를 정하고, 체험활동을 설계했다. 그 결과, 다양한 분야를 아우르는 다채로운 프로젝트들이 탄생했다.

〈2018년도 활동 계획〉

[우리나라 교육의 실태 조사와 방향성 탐색] 발로 뛰어 알아보는 우리 지역 상담 이야기 우리 지역 초등학교 학생 수 변화와 교육의 미래 중학교 자유학년제와 초등교육의 실태를 통한 바람직한 교육 방향 탐구 홍성에서 준비하는, 유치원 선생님이 되기 위한 과정 우리나라 교육의 실태 조사 및 올바른 교육 방향성 탐색 과목별 효과적인 교육 방식 이르집기	**[의료·복지 분야]** 홍성여고 학생들을 위한 나이팅게일 되어 주기 백의의 천사를 향한 날갯짓 의료인의 역할 파악과 의료원에 대한 인식 알기 사회복지!! 어디까지 알고 있니? 직업인 인터뷰, 봉사활동, 설문 활동을 통한 아동·청소년 심리·복지 분야 탐색하기 심리와 응급구조, 디자인을 통한 내 꿈 찾아 삼만 리
[문화·예술·관광 분야] 우리 고장의 숨겨진 예술과 예술계의 거장을 만나는 시간 - 배우님 사진 찍으실게요 세계로 뻗어 나가는 홍성 우리 고장 홍성 언어의 문학적 아름다움을 찾아보기 이웃 나라 중국 문화 바로 알기 미래 엔터테이너들의 좌충우돌 대학 탐방기 한서대학교 항공관광학과 탐방	**[충남 네트워크망과 정보보안 시스템 탐구]** 디퓨저와 소이캔들로 알아보는 화학 이야기 소중한 전기의 생산과 활용 우리 주변의 자동화시스템의 작동 원리와 사용 현황 충남 지역의 네트워크망과 정보보안 시스템 탐구하기 칠.천.원(칠갑산 천문대 원정) 막걸리 속 효모를 알아보자 메주의 숨은 발효과학 원리
[법·사회·행정 분야] 뭐, 네 멋대로 산다고? 난 법 따라 멋지게 산다! 민주사회를 향해 나아가는 '거버넌스' 홍성 시민들의 충청남도청 인식 및 이용도 현황 조사 체험! 공무원의 삶 경찰로서 필요한 자질 갖추기!!	**[식품·요리·생활 분야]** 먹지 말고 피부에 양보하세요 헬로! 파티쉐~ 고소한 빵 냄새를 따라가는 우리 지역 진로 탐방
[지역 연구 및 조사 분야] 홍성 시민들의 숙박시설 이용 빈도와 인식 조사 우리 주변에 있는 생명공학 탐구 및 실생활 문제 해결 우리가 몰랐던 천년홍주의 보물찾기 홍성의 유일한 유인도인 탄소 없는 섬 - 자급자족 죽도를 알리자	

이처럼 프로젝트 주제는 교육·의료·과학·문화·행정·환경 등 폭넓은 영역을 포함한다. 학생들은 직접 설계한 활동을 통해 스스로의 관심 분야를 탐구하고, 지역사회와 연결된 다양한 진로 가능성을 모색했다. 이런 경험은 단순한 체험을 넘어, 자신의 진로를 '지역에서 찾고, 세계로 확장하는 발판'이 되었다.

우리 지역 초등학교 학생 수 변화와 교육의 미래

참여 학생: 3114 유○연(조장), 3306 민○경(조원)
탐사 코스: 홍성여고→홍성교육지원청→홍성초→내포초→홍성여고

활동 개요
학생 수 감소가 교육 현장에 미치는 변화를 탐구하기 위해 현장 탐방.
홍성교육지원청에서 최근 5년간 학생 수 변화 통계와 감소 원인, 정책 방향을 파악.
홍성초, 내포초를 방문해 교사와 면담하며 수업 방식과 학교 운영 변화를 조사.
이를 바탕으로 홍성 교육의 미래 방향을 모색하고 보고서 작성.

탐구 과정과 느낀 점(요약, 3114 유○연)
홍성교육지원청에서는 단순한 통계뿐 아니라 교육 현장의 고민과 정책 방향까지 들을 수 있어 학생 수 감소 원인을 입체적으로 이해하게 되었다. 특히 '교육지원청'이라는 명칭에 '도움을 주는 곳'이라는 의미가 담겨 있다는 설명이 인상 깊었다.
○○초에서는 학생 수가 줄며 다양한 수업과 교사 간 협력이 가능해진 긍정적 변화를 보았고, ○○초에서는 과밀학급으로 인한 공간 부족과 비효율적인 수업의 어려움을 확인했다. 같은 현상이 학교마다 전혀 다른 결과를 낳을 수 있다는 점을 실감했다.
이번 탐구를 통해 자료로만 보던 교육 문제를 현장의 목소리로 접하며, 우리 지역 교육의 방향성을 고민하게 되었다. 또한 교육청, 학교, 학생이 함께 연결되는 지역 교육공동체의 중요성을 새롭게 느낄 수 있었다.

문화와 언어의 세계적 추세와 심화 고찰

참여 학생: 3310 박○령(조장), 3109 박○은, 3210 박○영
탐사 코스: 내포신도시→일식 식당→충남도청 문화정책과→○○고등학교→중국어 선생님

활동 개요

세계화 속에서 문화와 언어의 상관관계를 탐구하고, 다양한 문화가 교류하는 현실을 이해하기 위해 현장 체험을 진행.

충남도청 문화정책과를 방문해 담당자와 인터뷰하며 문화정책과 교류 사례를 중심으로 문화 · 언어 계열 직업의 성장 가능성을 조사.

중국어 선생님과의 면담을 통해 중국과의 문화 교류와 언어 교육 현황에 대한 시각 확장.

조사 및 인터뷰 결과를 바탕으로 보고서를 작성하고 진로 방향성을 구체화.

탐구 과정과 느낀 점(3310 박○령)

우리 조는 중어중문학과 진학, 항공승무원, 일본 회사 행정직이라는, 목표가 서로 다른 세 명이 모였다. 나는 중국어와 문화에 관심이 많아 관련 지식을 꾸준히 공부해왔지만, 해외에 가본 적은 없다. 그래서 이번 활동은 단순한 자료조사 이상의 의미가 있었다.

문화와 언어의 세계적 추세라는 주제를 실질적으로 탐구하고자 기사와 통계 자료를 활용해 통계화 작업을 했다. 특히 문화 · 언어 계열 직업의 성장 가능성을 분석하는 과정에서 통계청 자료를 가공하며 전문적인 자료 해석의 어려움과 보람을 동시에 느꼈다.

인터뷰를 위해 충남도청 문화정책과와 여러 차례 연락하며 약속을 잡고 질문지를 준비했다. 체험 당일, 담당자와의 대화를 통해 교과서나 뉴스로만 접하던 정책과 문화 교류의 실제 모습을 들을 수 있었다. 특히 담당자가 해 주신 구체적인 설명과 조언은 우리의 탐구 방향을 한층 넓혀주었다.

마지막으로 중국어 선생님과의 면담에서 중국과의 문화 교류 현황과 언어 교육의 실제를 접하며 내가 선택한 진로의 의미를 다시 확인할 수 있었다.

돌아보니 자료조사와 인터뷰 준비가 쉽지 않았지만, 그 과정 자체가 내 꿈을 향한 확실한 발걸음이 되었다. 이번 진로체험은 단순히 기록을 남기기 위한 활동이 아니라, 나의 진로를 구체화하고 자신감을 키워준 뜻깊은 경험이었다.

생명공학 진로 탐색 빛 지카바이러스에 대한 학구적 접근

참여 학생: 30425 최○주(조장), 30422 임○연, 30519 이○경, 30620 이○화
탐사 코스: 홍성여중 →충남 보건환경연구원 견학→연구사 인터뷰→홍성여고→중앙대 생명공학과 교수 화상 인터뷰

활동 개요
보건환경연구원 견학 및 실험을 통해 생명공학 연구원의 역할과 연구 환경을 체험.
생명공학 연구원과 대학교수와의 인터뷰를 통해 연구자의 삶의 자세와 생명과학 분야 진로에 대한 이해 심화.
조별 탐구 주제로 '지카바이러스'를 선정, 해외 논문과 자료를 분석하여 가설을 세우고 해결방안 모색.
탐구 결과와 피드백을 바탕으로 최종 보고서 작성.

탐구 과정과 느낀 점(30425 최○주)
우리 팀은 생명공학이라는 큰 분야 안에서도 뇌 공학, 동물자원, 미생물학 등 세부 진로가 다른 학생들이 모여 주제를 정하는 데 어려움이 있었다. 하지만 모든 분야와 연관성이 있고 깊이 탐구할 수 있는 주제로 '지카바이러스'를 선정하며 본격적인 활동을 시작했다.
조사는 쉽지 않았다. 지카바이러스의 매개 곤충이 국내에는 서식하지 않아 한국어로 된 신뢰할 만한 자료가 거의 없기 때문이다. 결국 해외 논문과 칼럼을 중심으로 전문 자료를 찾아 분석하며, 정보 수집 능력을 키울 수 있었다.
가장 인상 깊었던 순간은 보건환경연구사 인터뷰다. 연구사님은 "도민의 건강을 지켜야 한다는 사명감 하나로, 마스크조차 제대로 구비되지 않은 저레벨 랩실에서 연구를 이어갔다"라고 말씀하셨다. 그말은 연구자가 지녀야 할 책임감과 생명에 대한 태도를 깊이 생각하게 했다.
탐구를 진행하며 생명윤리에 대한 고민도 이어졌다. 줄기세포 연구, 종 멸종 문제 등에서 어디까지를 '생명'으로 인정하고 보호할지 명확한 기준을 세우는 것은 쉽지 않았다. 생명은 소중하지만, 과학과 사회의 발전 속도에 따라 그 기준은 끊임없이 변화한다는 사실을 깨달았다.
이번 활동이 이론적 탐구에 그쳤다는 아쉬움은 남지만, 이를 통해 생명공학의 중요성과 미래 가능성을 실감할 수 있었다. 또한, 생명과학을 공부하며 내가 어떤 방향으로 진로를 확장하고 어떤 책임감을 갖고 임해야 할지 깊이 고민하게 되었다. 이번 경험은 단순한 진로 탐색을 넘어, 삶의 방향을 설계하는 계기가 되었다.

아동·청소년 심리·복지 분야 탐색하기

참여 학생: 3107 명○현(조장), 3110 박○우, 3112 심○은
탐사 코스: 홍성→광천 ○○보육원→광천읍 공공도서관→홍성군 청소년 상담복지센터→홍성

활동 개요
사랑샘 보육원에서 봉사활동을 하며 아동 심리를 이해하고, 건강한 성장을 돕기 위한 방안을 고민.
광천읍 공공도서관에서 책, 잡지, 신문 등 다양한 자료를 조사하며 아동·청소년 복지 관련 직업과 사회 문제를 다각도로 탐색.
청소년 상담복지센터에서 청소년 상담사와 인터뷰를 통해 상담 현장 이야기를 듣고
'청소년 스트레스 원인과 상담 이용 실태'를 주제로 설문 조사.

탐구 과정과 느낀 점(3107 명○현)
보육원에서 만난 아이들은 부모와 떨어져 지내며 각기 다른 사연이 있는 친구들이다.
처음에는 그들의 상황을 온전히 이해하기 쉽지 않았지만, 함께 놀고 이야기하며 아동들의 마음을 보듬는 직업인이 되고 싶다는 꿈을 더 굳혔다.
상담복지센터는 전에도 봉사동아리와 또래 상담자 활동으로 자주 찾던 곳이지만, 이번에는 '진로 탐색'이라는 목표로 방문한 점에서 달랐다.
활동 중 배운 상담 기법을 활용해보고, 궁금한 점을 전문가에게 질문하며 상담복지사의 역할과 가치를 더 깊이 이해할 수 있었다.
조장으로 활동하며 어려움도 많았다. 기획서 작성부터 설문 통계 처리까지 서툴렀고, 시간 계획이 맞지 않아 보육원에 여러 번 연락을 드리기도 했다.
실수도 많았지만, 그 과정에서 부족함을 인정하고 노력하는 법을 배웠다.
무엇보다 "세상에 뛰어드는 따뜻한 사람, 다른 사람의 꿈에 날개를 달아주는 사람"이 되겠다는 목표가 한층 분명해졌다.

우리가 몰랐던 천년홍주의 보물찾기

참여 학생: 3217 이○린(조장), 3304 김○늘, 3119 이○영, 3221 이○연, 3332 황○지
탐사 코스: 매봉재(○○사랑방, ○○게스트하우스)→홍주의사총 일대→대교공원→전통시장 일대→
홍주성 일대

활동 개요
우리 지역의 숨은 명소를 탐방하며 지역의 문화적 가치를 새롭게 발견
사진, 영상 등 다양한 미디어 콘텐츠로 탐방 과정을 기록
제작한 콘텐츠를 SNS 등 다양한 플랫폼에 공유하고, 이를 통해 미디어가 지역 홍보와 소통에 미치는
영향을 체험

탐구 과정과 느낀 점(3217 이○린)
이번 체험학습을 통해 미처 알지 못했던 우리 고장만의 특색과 매력을 발견할 수 있었다. 홍성에서
오래 살았음에도 내가 사는 지역에 무관심했음을 돌아보게 되었고, 다른 지역 사람들에게도 충분히
매력적인 명소가 많음에도 홍성이 점차 도태되는 가장 큰 이유가 '홍보 부족'이라는 사실을 깨달았다.
또한, 직접 촬영하고 편집한 영상을 SNS와 블로그에 올리며 미디어의 파급력을 실감했다. 사람들의
반응을 보며 미디어가 단순한 정보 전달을 넘어 지역 발전에 실질적인 영향을 미칠 수 있는 도구임을
느꼈다. 이번 경험은 단순한 진로체험을 넘어, 홍성을 널리 알릴 수 있는 1인 미디어 제작자로 성장
하고 싶다는 꿈을 키우는 계기가 되었다.

홍성의 관광기반을 구축하고 탄소 없는 섬, 죽도를 알리자

참여 학생: 3325 주○아(조장), 3316 육○라, 3213 우○진, 3216 이○인
탐사 코스:
4월 5일 홍성군청 문화관광과 면담(관광팀장)
4월 8일 죽도 사전답사 및 주민 설문 조사
캠페인 장소: 홍성 읍내(카페○○→○○식당→○○안경원 앞→홍성도서관)

활동 개요
군청 관계자와 면담을 통해 홍성군 관광산업의 현황과 미래 방향 탐색
죽도를 답사하고 주민 설문 조사를 통해 죽도의 현재 상황과 인지도 확인
조사 결과를 바탕으로 죽도를 알리는 홍보 캠페인 진행

탐구 과정과 느낀 점(3325 주○아)
이번 진로체험은 스스로 계획을 세우고 답사하며 진행했기에 더욱 뜻깊었다.
홍성 지역은 진로 관련 활동을 찾기 쉽지 않아 늘 아쉬웠는데, 이번 활동을 통해 내가 살고 있는 지역
에서도 관광산업과 관련된 다양한 활동이 이루어지고 있음을 알게 되었다. 군청 면담을 통해 홍성군
이 생각보다 넓은 범위에서 관광산업을 기획하고 있다는 사실을 알게 되었고, 평면적으로만 알고 있
던 정보들이 입체적인 지식으로 확장되었다.
우리 팀은 '죽도'에 집중해 홍보 캠페인을 진행했다. 죽도를 모르는 주민들도 많지만, 알고 있는 사람들
조차도 대부분 5년 이상 방문하지 않았다는 사실을 확인할 수 있었다. 또한 설문 조사를 통해 우리 지역
관광지에 대한 관심이 부족하다는 점을 절실히 느꼈다. 사람들이 여유가 생기면 멀리 여행을 떠나는 경
우가 많지만, 가까운 지역 관광지부터 찾게 하는 것이 관광기반 강화의 첫걸음이라는 생각이 들었다.
죽도는 기본적인 개발이 완료되어 이제는 홍보가 가장 중요한 단계다. 내포신도시나 한옥마을, 속동 전
망대 등 새로운 명소가 개발되어 홍성이 관광지로 자리 잡기를 기대하게 되었다. 군청 관계자들은 홍
성이 관광지로 성장하기에는 부족한 점이 많다고 했지만, 나는 오히려 그 속에서 홍성을 관광지로 발
전시키고 싶다는 의지가 생겼다. 홍성은 자연경관과 먹을거리 등 잠재력이 충분하므로 관광에 대한
관심과 노력이 이어지면 관광도시로 성장할 수 있다고 확신하게 되었다.

맺으며 — 지역과 함께 성장하는 진로 탐색의 길

우리 지역 진로체험활동은 학생들이 스스로 기획하고 실행한 주체적인 배움의 여정이었다. 조별로 진로가 비슷한 친구들이 모여 기획안을 작성하고, 기관에 연락하며 일정을 준비하는 과정에서 자기주도적 진로설계역량을 키웠다. 현장에서의 다양한 체험은 단순한 경험을 넘어 올바른 직업 가치관을 형성하고 자신의 꿈을 구체화하는 계기가 되었다. 또한 지역 기관들과 협력하며 진로교육의 네트워크를 넓히고, 우리 고장에 대한 이해와 자긍심을 키웠다. 이 활동은 학생 개인의 성장을 넘어, 학교와 지역이 함께 성장하는 마을교육공동체의 실천이자 미래를 향한 든든한 발판이 되었다.

지역과 함께한 배움, 삶으로 확장되다
: '지역사회 주제 탐구 프로젝트'

박옥진(현 홍성고 교사, 2020~2024년 본교 교사)

"우리가 사는 이곳, 정말 잘 알고 있나요?"

이 단순한 물음에서 홍성여자고등학교 '지역사회 주제 탐구 프로젝트' 는 출발했다.

홍성은 친환경 농업, 주민 자치, 축산업 등 다채로운 특색을 지닌 지역 으로, 타 지자체의 벤치마킹 대상이 될 만큼 모범사례가 많은 곳이다. 그 러나 지역에서 성장하는 청소년들은 학업과 입시에 매몰되어 정작 자신의 삶터와는 단절된 채 살아가는 경우가 많아 보였다.

이에 우리 학교는 2024년, 그 단절을 메우기 위해 새로운 시도를 시작 하게 되었다. 기존 '1인 1연구 프로젝트'에서 한 걸음 나아가, 지역사회와 학 생들의 배움을 연결하는 실천형 탐구활동을 기획해 보기로 했다. 이 프로 젝트는 보고서 작성이나 수행평가에 머무르지 않고, 학생들이 지역 문제 를 마주하며 고민하고 해결의 단서를 찾는 과정에서 배움이 곧 삶으로 이 어지는 경험을 만들어 주고자 했다.

지역에서 길을 묻다 — 학교 밖으로 확장된 탐구

이 프로젝트는 교실 안에만 머무르지 않았다. 지역의 다양한 주체들과 협력하며 마을교육공동체의 가능성을 현실로 구현한 실험이 되었다.

기획 단계에서 사회 교과 및 진로 교사가 협력해 주제를 구성하고 실행 방안을 논의했다. 또한 지역 거버넌스 조직인 '홍성통'과 만나 구체적인 연계 방안도 모색했다. 그 결과 교과 수행평가·진로 교육·수업량 유연화 주간을 통합하는 지역사회 탐구 프로젝트의 체계적 틀을 마련할 수 있었다.

특히 전 교사가 멘토로 참여해 학생들의 탐구 과정을 설계하고 지도한 점은 프로젝트의 가장 큰 기반이 되었다. 교사들의 협력은 학생들이 안정적으로 탐구를 지속할 수 있는 토대가 되었고, 교사들도 새로운 협력적 수업 문화를 경험할 수 있었다.

지역 멘토와의 만남 — 살아있는 교과서

5월 초, 학생들은 지역신문과 문헌 조사를 통해 탐구 주제를 정했고, 5월 22일에는 12명의 지역 멘토와 만났다. 청년 창업가, 협동조합 활동가, 도시재생 전문가, 환경운동가 등 각계각층의 멘토들은 흔쾌히 학생들에게 현실 속 문제와 삶을 연결하는 살아있는 교과서가 되어 주었다.

학생들은 멘토와의 강연·질의응답을 통해 주제를 구체화하며, "지역 환경 문제는 어떻게 해결할 수 있을까?", "청년 유출의 원인은 무엇일까?" 같은 질문을 탐구 주제로 발전시켜 갔다.

12개 분야와 멘토 소속

1. 우리 지역 환경 문제 함께 고민하기 — 예산·홍성 환경운동연합

2. 홍성군 읍면 상황과 농업의 현재 — 젊음협업농장

3. 지역특산물을 활용한 젤라또 제작 이야기 — 젤라부

4. 도시재생과 인문학 — 홍성군 도시재생지원센터

5. 홍성 역사와 교육 현안 — 역사 교사 & 향토 사학자

6. 우리 지역 문화 예술교육 현황 — 협동조합 나빌레라

7. 동물생태 — 충남야생동물구조센터

8. 지역에서 같이 늙어가기 — 홍성 의료사회적협동조합

9. 지역사회 주체와 정책 — 홍성군 친환경 농정 발전기획단

10. 도시계획, 공간 기획, 그리고 청년 마을 — 초록코끼리

11. 디자이너로서 나의 일 찾기 — 산노을

12. 공학과 삶 — 아산폴리텍대학 메커트로닉스 학과

지역사회의 주체와 정책

지역에서 같이 늙어가기

동물과 생태

[지역 멘토와의 만남 — 지역 현안 주제 강연 및 질의응답]

탐구가 현실을 만날 때 — 학생·교사·멘토의 협업

7월 17일 열린 중간 보고회에서 학생들은 지금까지의 탐구 과정을 발표하고, 멘토들로부터 구체적인 검토와 피드백을 받았다. 이 과정은 단순한 중간 점검이 아니라, 멘토와 학생이 함께 탐구의 방향을 다듬는 협력의 장으로 작용했다.

보고회 이후 학생들은 멘토에게 연락하거나 현장을 찾아가 심층 인터뷰를 진행하며 탐구를 확장해 갔다. 멘토들은 학생들의 질문과 자료 요청에 성실히 응답했고, 이메일과 줌(Zoom)을 통한 온라인 지도를 병행하는 등, 열정적으로 학생들의 성장을 지원해 주었다. 이런 멘토의 적극적인 동행은 학생들이 실제 사회 속 문제를 깊이 이해하고 탐구를 지속하는 든든한 힘이 되어 주었다.

중간 보고회 참여 19명의 멘토 소속

- 도서관·문학·문헌: 다올책사랑 도서관
- 도시재생: 홍성군도시재생지원센터
- 법·치안: 변호사 이하나 법률사무소
- 미디어: 세모영상제작소
- 동물: 충남야생동물구조센터
- 환경: 예산·홍성 환경운동연합
- 경영: 젤라부
- 도시계획·디자인: 홍성통(청년통)
- 심리·다문화: 청운대 청소년상담교육과
- 교육·마을교육공동체: 풀무농업고등기술학교

- 공학: 한국폴리텍대학 스마트전기과
- 농업·공동체: 함께하는 장곡 사회적협동조합
- 역사·인권: 향토 사학자 & 인권 강사
- 의료: 홍성 의료사회적협동조합·혜전대 간호학과
- 행정·지역경제: 홍성군 친환경 농정 발전기획단

환경 분야 중간 보고회　　　　　　　　경영 분야 중간 보고회

[중간 보고회 — 중간보고 발표 및 지역 멘토의 멘토링]

　동시에 학생들은 다양한 실천 활동을 통해 탐구를 심화해 갔다. 해양 쓰레기 조사, 진로 멘토 일터 현장 인터뷰, 등굣길 캠페인, 설문 조사, 홍보 영상 제작 등 탐구 주제를 삶 속에서 실천으로 연결했다. 특히 2학년 학생들은 지역 현안을 본격적으로 다루며, 역사·문화, 청년 농업인 유입, 학교 소멸, 축산 문제, 지역 인구 증가 전략, 노인 우울증, 홍성역 외관 디자인, 재생 에너지 영향, 고독사 문제 등 현실적이고 무게 있는 주제를 진로와 연계해 탐구하는 모습을 보였다.

성과 공유와 확산 — 공동체의 축제

　학급별 발표에서 학생들은 서로의 결과를 공유하며 칭찬과 피드백을 동시에 받는 소중한 경험을 했다. 그 과정에서 학생들은 협업과 공동체의 힘, 문제 해결의 의미를 깨닫는 계기를 마련했다.

10월 30일, 우수 모둠 13개 팀은 지역 멘토와 활동가들을 초청해 발표하는 자리를 마련했다. 학생들의 성과는 지역사회에 감동을 전했고, 멘토와 활동가들은 학생들의 참신한 제안에 놀라움을 감추지 못했다.

멘토들은 청소년들의 제안이 실제 정책으로 이어지기를 바란다며 격려했고, 학생과 함께 고민하고 활동하겠다는 의지를 밝혔다.

이 발표회는 단순한 결과 공유를 넘어, 학교와 지역사회가 함께 성장하는 축제의 장이 되었으며, 교육과 지역사회의 연계를 한층 강화할 필요성을 확인하는 계기가 되었다.

'재생 에너지로 인한 갈등과 해결에 대한 연구' 발표

'내포신도시, 해외 스마트시티 사례를 통한 가치 설정과 적용할 점 탐구'

'홍성군 가축 분뇨 악취 제거 방안 탐구'

'홍성역 외부와 내부의 문제점 및 해결 방안' 발표

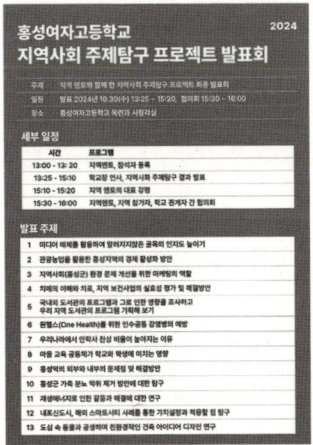
지역사회 주제 탐구 프로젝트 발표회 초청장

[지역사회 주제 탐구 프로젝트 발표회]

이후를 향한 확장 — 정책 제안으로 이어지는 교육

발표회 이후, 교사·멘토·지역 활동가가 함께한 협의회에서는 정책 제안과 행정 연계로 확장할 수 있는 구조적 지원의 필요성이 제기되었다. 또한 기획 단계부터 지역 활동가가 함께 참여해 교육과 지역사회의 연결을 더욱 촘촘히 할 것을 제안했다.

맺음말

홍성여고 '지역사회 주제 탐구 프로젝트'는 단순한 학교 활동을 넘어, 마을교육공동체 실현의 첫걸음이자 혁신학교 교육철학을 구현하는 사례로 자리매김했다. 학생들은 탐구를 통해 지역을 이해하고, 학문과 삶의 경계를 허물며, 공동체 속에서의 역할과 책임을 배우고 실천할 수 있었다.

이 경험은 학생들이 개인적 성장을 넘어 지역사회에 기여하는 시민으로 성장하는 과정이 되었고, 학교와 지역이 함께 만들어낸 소중한 교육의 성과로 남았다.

4장.
학교협동조합의 실험과 확산

'학교협농조합의 실험과 확산'은 홍성여고가 교육의 새로운 가능성을 실천으로 보여준 이야기다. 학생과 교사, 지역이 함께 만들어가는 협동조합은 단순한 매점 운영을 넘어 '배움이 살아 있는 경제 공동체'의 장이 되었다. 학교 안에서 '협동'과 '경영'을 배우고, 지속 가능한 삶의 방식을 탐구하는 이 경험은 홍성여고 교육의 혁신적 실험이자 또 하나의 자랑스러운 문화로 자리 잡았다.

충남 학교협동조합 지원단의 지원 아래, 홍성여고는 협동조합을 통해 '공동체적 경제교육'의 모범 사례로 성장했다. 협동조합을 함께 이끌어온 선생님의 헌신과 열정은 이 실험을 꾸준히 이어갈 수 있는 토대가 되었다. 선생님들은 협동조합의 실무와 행정을 맡으며 학생들의 자율성과 책임감을 존중하는 교육적 리더십을 보여주었다.

이어지는 글은 함원종 부단장과 유고은·이민경 선생님의 시선에서 바라본 협동 조합의 탄생과 성장 이야기다. 함께 협력하며 배우고, 나눔 속에 성장한 홍성여고 학교협동조합의 여정을 통해, 교육이 공동체와 어떻게 만나 변화의 씨앗을 틔울 수 있는지 돌아보자.

함께 걸어가는 학교협동조합:
홍성여고 학교협동조합을 돌아보며

함원종(충남 학교협동조합 지원단, 부단장)

"사수요? 그게 뭐죠?"

2019년, 한 학교에서 학교협동조합 설립을 문의해 왔을 때, 신입 지원단으로서 기쁨과 함께 막막함을 느꼈습니다. 당시 소속된 법인에는 학교협동조합 운영에 대한 경험과 지식을 갖춘 '사수'가 없었습니다. 서류 하나, 절차 하나가 모두 미지의 영역이었습니다. 발기인 구성과 정관 작성부터 사업자 등록까지, 일반적인 사회적협동조합과는 살짝 다른 학교협동조합 설립이라는 낯선 행정 절차 앞에서 저는 바람 앞의 등불처럼 위태롭게 길을 찾아야 했습니다.

이 과정은 지원단인 저의 일방적인 지원이 아닌, 함께 배우고 성장하는 공동 여정이었습니다. 학교 구성원들은 주도적으로 정보를 찾아보고, 치열하게 토론하며 스스로 답을 찾아갔습니다. 저는 그 답이 옳은지, 그렇게 진행해도 문제가 없는지 여러 자문과 두꺼운 지침과 법조문을 참고하며 가부를 판단하고 안내했습니다. 학교 구성원들의 열정과 의지를 보며, 학

교협동조합의 핵심 가치인 '자발성'과 '주도성'이 학교에 깊이 뿌리내리고 있음을 확신할 수 있었습니다. 서류 작업의 어려움 속에서도 이들이 보여준 끈기와 협력은 단순한 법인 설립을 넘어, 진정한 공동체를 형성하는 과정이었습니다.

"괜찮아, 함께하면 돼!"

초기 준비 단계에서 가장 인상 깊었던 것은 바로 선생님들의 '너그러움'이었습니다. 일이 능숙하지 않아 설립 인가 안내와 학생 교육 등 시행착오가 잦았지만, 선생님들은 저를 탓하기보다 격려해 주셨습니다. "괜찮아요, 저도 찾아볼게요!", "먼저 설립한 타 시도 학교에 연락해 볼게요!"라고 하시면서 저에게 힘을 불어넣어 주셨습니다. 지금에 와서 돌아보니 많은 학교를 설립 지원했지만 이처럼 따뜻한 분위기에서 이해와 협력이 공존하는

공동체는 흔치 않았습니다.

저와 학교 구성원이 함께 성장하듯 학교에도 긍정적인 변화가 시작되었습니다. 낡았던 강당 건물은 학생들의 편의 시설과 함께 학교협동조합의 첫 보금자리가 될 작은 매점이 준비되고 있었습니다. 이 공간은 단순히 물건을 사고파는 공간이 아닌, 학생들에게 민주적 의사결정과 실질적인 경제교육의 장을 제공할 특별한 공간이었습니다.

수많은 시행착오 끝에 2020년 6월 8일, '홍성여고 학교협동조합'은 설립 인가를 받았습니다. 이날은 저에게도 특별한 의미로 남아 있습니다. 지원을 성공적으로 마친 것만이 아니라, '학교협동조합'이라는 가치가 함께하는 사람들의 순수한 열정으로 어떻게 현실화하는지 목격한 순간이기 때문입니다. 그런 기쁜 순간만 영원히 가득할 줄 알았는데, 위기는 생각보다 가까이 있었습니다.

롤러코스터 행정, 또다시 펼쳐지는 길 없는 길

2020년, 법인 인가를 받은 후 첫 경영공시를 했을 때 일입니다. 설립 인가증을 받는 기쁨도 잠시, 우리 학교협동조합은 예상치 못한 행정적 위기에 봉착했습니다. 협동조합 기본법은 2012년에 발의되었지만, 아직 판례도 적고 세부 지침이 명확하지 않아 똑같은 행정처리를 했을 때 작년에는 문제가 없었지만, 올해는 문제가 되는 아슬아슬한 줄타기 같은 상황이 이어지고 있었습니다. 더 큰 문제는 주무관들이 자주 바뀌면서 매년 정성적 (定性的) 기준도 달라진 것입니다.

당시 당해 연도 10월 이후 창립총회를 하면, 그해 사업 계획과 내년 사업 계획을 함께 승인받아야 했습니다. 이때 다음 해에는 총회를 열지 않아도 된다는 '암묵적인 룰'이 있었습니다.(학교협동조합 사업 계획을 작년에 세웠기 때문에) 그런데 2021년, 이 룰이 갑자기 사라지고 「협동조합 기본법 제28조(총회)의 4항」, "정기총회는 매년 1회 정관으로 정하는 시기에 소집하고, 임시총회는 정관으로 정하는 바에 따라 필요하다고 인정될 때 소집할 수 있다."가 적극적으로 접촉되었고, 결과적으로 우리 학교협동조합은 2020년 정기총회를 열지 않은 것이 행정적인 문제로 지적되었습니다.

위기 앞에서 빛난 협력과 문제 해결 능력

총회 미이행 문제는 2021년 교육부의 경영공시 감사 과정에서 발견되었고, 학교에 시정 조치를 요구하는 공문이 날아왔습니다. 학교가 행정 절차를 위반한 것으로 인식되어 자칫 큰 불이익을 받을 수도 있는 상황이었습니다. 바뀐 교육부 담당 주무관은 이전의 '불문율'을 전혀 알지 못했고, 저희는 학교에 불이익이 가지 않도록 온 힘을 다해 상황을 설명해야 했습니다.

이때 저는 지원단으로서 주무관님과 여러 차례 유선 연락을 통해 상황을 설명하고, 과거 다른 사회적협동조합들이 동일한 방식으로 총회를 진행하지 않은 사례를 찾아 이메일로 보냈습니다. 그리고 놀랍게도, 우리 학생 조합원들이 이 문제 해결에 적극적으로 나섰습니다. 학생들은 '이 문제

를 어떻게 해결할까?'를 고민하고 소명했습니다. 그리고 소명에 그치지 않고 '이런 세부 지침은 정확한 기준과 안내가 필요하다'라는 의견을 교육부에 전달했습니다. 학생들의 이런 주체적인 모습은 정말 감동적이었습니다.

한층 단단해진 근육

다행히 우리 협동조합의 노력이 통했고, 간단한 사유서를 제출하면 어떤 불이익도 받지 않는 것으로 상황이 마무리되었습니다. 가슴을 쓸어내린 순간이었습니다. 우리 학교협동조합의 조합원들은 이 위기를 '문제 해결의 기회와 더불어 함께 논의할 수 있는 대화의 기회'로 삼았으며, 함께 머리를 맞대고 고민하는 과정을 통해 '함께하는 근육'을 한층 단단하게 키울 수 있었습니다. 좌충우돌했던 이 시간은 학교협동조합이 단순한 매점이 아니라 살아 숨 쉬는 교육공동체임을 증명하는 소중한 경험이 되었습니다.

타협 없는 '건강한 먹을거리'의 가치

우리 학교협동조합은 항상 넓은 길 대신 좁은 길, 함께 걷는 길을 선택해왔습니다. 매점 상품을 선정할 때도, 법적 기준을 맞추는 데 만족하지 않았습니다. 식품의약품안전처의 '고열량·저영양

식품 목록'에 의거하는 것은 물론, 더 나아가 건강한 먹을거리를 표방하며 아이쿱생협과 급식 계약을 맺었습니다. 학생들에게 더욱 안전하고 건강한 먹을거리를 제공하겠다는 확고한 의지를 보여준 것입니다. 이는 말 몇 마디로 가능한 일이 아닙니다. 학내 모든 구성원이 함께 협의하고, 건강한 먹을거리에 대한 깊은 이해를 바탕으로 합의를 이끌어냈기에 가능했습니다. 2020년부터 우리는 이 원칙을 굳건히 지켜왔고, 학생들의 건강을 최우선으로 생각하는 학교협동조합으로 자리매김했습니다.

새로운 도전, 함께라면 두렵지 않습니다

2025년, 우리 학교협동조합은 또 한 번의 전환점을 맞이합니다. 물가 상승과 학교 시설 사용에 대한 비용 처리가 진행되면서 가격 인상이 불가피해졌습니다. 또한, 아이쿱생협 내 제품 축소로 기존 판매하던 물품들이 점차 단종되면서 새로운 품목을 발굴하고 다양화해야 하는 과제도 안게 되었습니다.

이런 변화 앞에서 이제는 저의 마음이 크게 흔들리지 않습니다. '바른 먹거리'라는 지향점을 지키면서 새로운 환경에 적응해야 하는 현실적인 문제에 직면했지만 그리 어려워 보이진 않습니다. 그동안 크고 작은 위기들을 함께 극복하며 쌓아온 '함께하는 근육'이 우리에게 있기 때문입니다. 이 근육은 어떤 난관도 헤쳐나갈 수 있다는 자신감을 줍니다.

학생들이 만드는 학교협동조합

앞으로도 저는 지원단으로서 우리 학교협동조합의 성장을 응원하고 행정적으로 지원하겠습니다. '홍성여고 학교협동조합'이 도내에서 가장 많이 견학 오는 모범 사례가 된 것은, 학생들이 운영하며 주체적으로 운영 방식을 궁리하고 사회적 가치를 담은 프로젝트와 캠페인을 진행해왔기 때문입니다. 특히 협동조합을 담당하는 선생님들뿐만 아니라, (물론 담당 선생님들께서 더 큰 노력을 하고 계십니다만) 교직원분들이 '함께하는 가치'를 믿고 지속적으로 관심을 가져주셨기에 가능했습니다.

학생들을 위한, 학생들에 의한, 학생들이 만들어가는 학교협동조합! 저는 홍성여고 학교협동조합이 스스로 그리고 함께 지속 가능한 학교협동조합 매점을 이어 나갈 것을 믿습니다.

홍성여고의 변화가 시작되는 학교협동조합

유고은(현 예산여고 교사, 2020~2021년 본교 교사)

막막함과 불확실 속에서 맞이한 시작

2020년 홍성여자고등학교에서 근무하게 되었을 당시 나의 업무는 혁신 기획이었다. '혁신'이라는 단어조차 낯설었는데 학교협동조합 업무를 맡아야 한다는 이야기를 처음 들었을 때 솔직히 조금은 당황스러웠다. 업무 인수인계 당시에는 이미 조합원 모집, 창립총회, 정관 작성, 임원 선출까지 마무리되어 있었고, 나는 그다음 단계인 법인설립 등기와 세무 신고, 개업 준비 등 실무적인 마무리 과정을 맡아야 했다. 그런데 문제는 이 모든 일을 코로나 시기에 해야 했다는 점이다. 학교에 학생들은 없었고 등교 일정도 들쭉날쭉했다. 코로나가 장기화 조짐을 보이는데 교내에서 매점 운영 자체가 가능한 건지, 개업 신고를 해도 되는 건지, 누구도 명확한 답을 줄 수 없는 상황이었다. 일은 진행해야 하는데 매점 문을 열 수 있을지조차 알 수 없었던 당시 상황을 돌이켜보면 생소하고 어려운 법적 절차보다 불투명한 내일이 더 부담스러웠던 것 같다.

법인 설립 등기, 세무서 개업 신고, 인감도장 제작, 법인 계좌 개설, 사업
자등록증 발급… 낯선 용어들 속에서 내가 뭘 놓치면 학교협동조합 설립
을 위해 애써주신 많은 분의 노력 전체가 멈출 수도 있다는 생각에 마음이
급해졌다. 업무에 대해 모른다고 코로나 시국을 핑계 대며 손 놓고 가만히
앉아있을 수만은 없었다. 유튜브를 찾아보거나 네이버 블로그를 통해 협
동조합에 대한 개념부터 공부해 갔다. 그리고 법인 등기에 필요한 조합 임
원들의 인감증명서와 주민등록등본을 받는 것부터 시작해 박소희 부장님
과 법무사 사무실, 등기소와 세무서를 오가며 서류를 제출했다. 조합 임원
명단을 받아 들고 찾아가서 서류를 하나하나 확인받으며 서툴게 행정 절
차를 거친 기억이 지금도 생생하다. 그중에도 농협중앙회에 가서 법인 통
장을 개설하던 날이 기억난다. 직원이 "학교에서 이런 협동조합도 하나요?"
라고 물었고 나는 "그러게요. 저도 처음이어서요."라고 대답하며 멋쩍게 웃
었다.

이런 낯선 경험 속에서 나는 이 업무가 왜 중요한지 차츰 깨닫게 되었
다. 단순한 법적 절차가 아닌 홍성여고 교육공동체가 함께 만들어가는 시
작을 세우는 일은 생각보다 무겁고 가치 있는 일이었다. 처음부터 함께한
건 아니지만 학교협동조합 설립이라는 마지막 역할을 맡았다는 사실에 지
금은 오히려 감사한 마음이 든다. 학교협동조합은 모르는 것을 배우며 함
께 만들어가는 일이 어떤 의미인지 알려준 소중한 경험이었다.

함께 만든 매점, 함께 성장한 시간

코로나의 불확실함 속에서도 우리는 학교매점 개업 준비를 멈추지 않았
다. 판매할 상품 선정, 가격 책정, 홍보 포스터 제작, 운영 매뉴얼 정리, 물

품 발주까지. 매점 운영의 모든 과정을 담당 교사 혼자 책임질 수는 없다는 생각이 들었다. 그래서 실제 운영을 맡을 학생 조합원들로 구성된 '스타틴업'('start-up'과 'teenager'를 합친 이름의 홍성여고 자율 동아리) 부원들에게 매점 운영을 위해 부서를 재조직하고, 각자 역할을 정해오라는 과제를 주었다. 솔직히 말하자면 당시에는 반신반의하는 마음이 컸다. 그런데 예상과 달리 학생들이 매우 체계적이고 현실적인 운영안을 작성해 왔다. 두 가지 버전의 매점 운영 계획을 제안했는데, 그중 하나에는 당시 코로나 상황을 고려한 사회적 거리두기 운영 방식까지 포함되어 있었다. 당시 내가 고민하던 부분을 함께 궁리해 준 학생들의 시야와 책임감에 놀랐고 많이 대견스러웠다. 지금 생각해 보면 당시 스타틴업 부원들은 매점 개업부터 초기 운영까지 가장 많이 수고해준 친구들이다.(특히 2020년 3학년 학생들은 조합 설립과 개업 준비만 하다 졸업하여, 미안하기도 하다.)

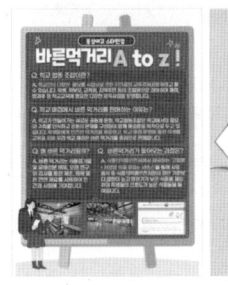   

본격적인 개업을 앞두고 우리는 시식회를 열었다. 다양한 간식과 음료를 준비해 등교하는 학생들이 맛보고 평가할 수 있게 했다. 스타틴업 부원들이 선호도 설문지를 만들고, 투표함을 설치하고, 바른 먹을거리, 조합원 홍보 포스터 등을 제작했다. 시식회 당일에는 "과자 A가 맛있긴 한데 가격이 좀 세요.", "배고픈 여고생을 위한 핫도그는 없나요?" 같은 의견 하나하나에 모두 귀를 기울였다.

그 후 가장 인상 깊었던 장면은 가격 책정 회의였다. 단순히 공급가에 일정 이윤을 더하는 계산이 아니라 친구들의 용돈 수준과 소비 성향까지 고려하며 토론했다. "삼천 원이 넘으면 잘 안 사요.", "이건 우리가 덜 남겨도 되지 않을까요?" 이익보다 공동체를 먼저 생각하는 학생들의 태도에 깊은 울림을 받았다. 학생들이 진지하게 고민하고 결정해가는 과정을 보며 '이 아이들, 매점을 넘어 민주주의와 경제, 타인의 입장을 헤아리는 태도를 배우고 있구나'라고 깨달았다.

　　학교매점 운영이 본격적으로 시작된 후에는 질서 담당, 진열 담당, 계산 담당(시재 점검), 청소 담당 등 구체적인 역할을 요일별로 분담했고, 학생들은 점심시간마다 본인들의 급식 시간까지 반납하며 운영에 임했다. 물론 운영이 생각만큼 수월하기만 했던 건 아니다. 때로는 동아리 부원 간 의견 충돌도 있었고, 책임감이 느슨해질 때도 있었다. 그럴 때마다 나는 한 걸음 물러서서 "이 문제 어떻게 해결할래? 방법을 생각해 보자!"라고 제안했다. 매점의 진짜 주인이 누구인지 되묻는 나의 물음에 학생들은 주도성과 책임감으로 답해주었고, 학교협동조합 안에서 학생들과 교사인 나도 함께 배우고 성장할 수 있었다.

학교협동조합 운영의 무게를 마주하며

학교매점이 자리를 잡아갈수록 현실적인 문제들과 마주하게 되었다. 협동조합의 핵심은 조합원인데 교사라는 위치에서 학생들에게 조합원 가입을 권유하는 일은 또 다른 부담이었다. 억지로 강요하고 싶지 않았기에 더욱 조심스러웠다. 그렇지만 조합원 수가 적으면 재정뿐만 아니라 의사결정 구조 자체가 약해지고 결국 이 사업의 본질이 흐려질 수 있겠다는 생각이 들었다. 그래서 스타틴업 친구들과 홍보 포스터를 만들어 학교 곳곳에 게시하고, 매점을 이용하는 학생들을 대상으로 학교협동조합의 취지를 알리는 홍보 부스 운영도 시도해 보았다. 그 자리에서 선뜻 조합원 가입 신청서를 작성해 주는 학생도 있었지만, "그냥 매점 이용하면 되는 거 아니에요?", "굳이 조합원까지 되어야 해요? 가입하면 뭐가 좋은데요?"라는 반응을 보이는 학생도 있어 마음 한편이 무거워지기도 했다.

처음에는 호기심에 의욕적으로 움직이던 스타틴업 부원들이 점점 지쳐가는 문제도 생겼다. 점심시간은 짧고, 학생들은 몰려오고, 시험 기간이 다가오면 부담이 커질 수밖에 없었다. 시험 2주 전부터는 매점 운영을 중단했지만, 그럴 때면 매점을 이용하던 친구들로부터 불만이 나왔다. 5교시에 이동수업이 있거나 수행평가가 있다는 당번 학생들을 먼저 보내면 남겨진 일들은 자연스럽게 나에게 넘어왔고, 그날의 정산과 시재 점검, 뒷정리를 조용히 마무리하고 본교무실로 돌아오던 날도 많아졌다. 홍여울을 나서면서 '이건 내가 해도 되는 일인가?', '교사의 일이 맞을까'라는 물음이 반복되었다.

학생들의 복지와 학교협동조합 재정 안정을 위해 설치했던 자판기 관리도 우리 몫이었다. 제품이 품절됐다는 민원은 빠르고, 채우는 사람은 한정

되어 있고, 누가 마지막에 확인했는지 책임 소재 가리기도 어려웠다. 물건 나르고, 자판기에 채우고, 고장 나면 학생들에게 환불해주는 등 일련의 과정을 반복하다 보니 업무에 대한 회의감은 더욱 깊어져만 갔다.

하루는 자판기에 음료를 채워 넣고 교무실 자리로 돌아와 정대승 부장님에게 푸념하듯 털어놨다. "부장님, 이게 교사의 일이 맞는지 모르겠어요. 이런 방식으로 지속 가능한 사업이 될 수 있을까요?" 그때 부장님 말씀이 지금까지 마음속에 오래 남아있다. "매점을 관리하고 자판기에 음료를 채우는 일도 결국 아이들을 위한 일이라고 생각해 보면 어때요?" 그동안 마음속에 담아두었던 불만이 순간 하찮게 느껴졌다. 행정업무나 물리적 수고만 생각하며 지쳐 있었지만, 결국 학교협동조합의 출발점과 끝은 '학생'이라는 중요성을 다시 떠올리게 해 준 부장님의 한마디였다.

물론 그럼에도 운영의 어려움은 여전했다고 생각한다. 책임감과 자발성은 곧 공백의 위험을 가져오며, 업무는 열정만으로 감당할 수 없는 복잡함이 있다. 학교협동조합 운영은 매일매일 어렵고 버거웠지만, 이 과정에서 깨달은 분명한 것은 교육이 교실 안에서만 일어나는 게 아니라는 것과 함께 고민하면 멀리 갈 수 있다는 사실이다.

지속을 위한, 작지만 꾸준한 실천

'학교협동조합이 과연 얼마나 지속될 수 있을까'라는 고민은 해당 사업을 운영하는 학교들이 마주하는 공통 과제라고 생각했다. 학생들과 고민한 끝에 단순한 매점 운영을 넘어 가치 기반의 소비, 즉 착한소비를 꾸준히 실천해 보자는 결론에 이르렀다. 그렇게 시작된 것이 매달 주제를 바꿔가며 진행한 '착한소비 프로젝트'다. 우선 학생들과 함께 사회적 기업을 주제로 공부하고 충남 따숨상사협동조합 이사장님을 모셔서 강연을 진행했다. 특히, 이 강연은 사무실로 연락해 멘토를 섭외하는 일부터 강연 당일 진행까지 전 과정을 동아리 부원들이 주도했기에 기억에 많이 남는다.

공정무역 캠페인 주간에는 스타틴업 부원들과 관련 도서 『윤리적 소비에서 공정무역마을 운동으로』를 읽고 '저자와의 만남'을 했다. 이후 공정무역에 대해 더 알아보기 위해 온라인 교육을 수강하고 이를 바탕으로 스타틴업 부원들이 각자 파트를 맡아 공정무역 홍보 패널을 제작했다. 부원들이 제작한 패널을 홍여울 곳곳에 비치해 매점 운영 시간을 활용하여 다른 학생들이 이 포스터를 보고 공정무역 퀴즈에 참여하게 했다. 국제공정무역기구 한국사무소에서 제공받은 자료를 바탕으로 공정무역 사진전을 열고, 학교 매점에서는 캠페인 기간에 공정무역 인증 제품(초콜릿, 바나나, 커피 등)을 특별 판매했다. 소비를 넘어 세상을 바꾸는 선택이라는 메시지를 학교 협동조합을 통해 담아내는 작은 시도였다.

일상의 작은 활동들도 소홀히 하지 않았다. 학교 매점에서 나오는 작은 병뚜껑을 모아 충남사회혁신센터의 업사이클링 체험 프로그램에 참여했

고, 연말에는 학교 매점에서 판매하는 건강한 먹을거리들로 선물 꾸러미를 만들어 아파트 경비 선생님들과 택배 기사님들께 감사 인사를 전했다. 작은 선물에 진심 어린 손편지를 더해 전달할 때 홍성여고 학생들이 본인이 준비한 물건으로 누군가를 기쁘게 할 수 있다는 것을 배우면 좋겠다고 생각했다.

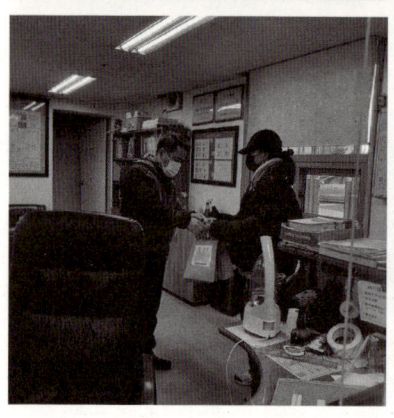

이런 활동은 학교협동조합의 지속 가능성을 위해 시도해 본 작은 움직임들이다. 학교협동조합이 제도나 구조가 아니라 가치를 함께 만들어가려는 우리의 마음에서 출발한다는 것을 알게 되었다. 문 열고 닫는 매점을 넘어 의미 있는 소비와 실천을 함께 배워가는 공간이 되기를 바랐고, 그 가능성을 확인할 수 있었다.

예전의 나는 '교사는 가르치는 사람'이라고 믿었다. 그러나 학교협동조합 업무를 담당하면서 교육이란 '가르치지 않아도 아이들이 스스로 성장할 수 있는 시간'임을 알게 되었다. 학생들이 기획하고 운영하고 실패하고 다시 시도하며 스스로 의미를 만들어가는 모습은 어떤 수업보다 교육적이었으며, 그 안에서는 1등급과 9등급이라는 성적 구분도, 문제아라는 편견의 시선도 존재하지 않았다.

초기의 학교협동조합은 완벽하지 않았다. 부족했고 끝까지 풀리지 않는 질문도 있었다. 하지만 그 안에서 '함께 만들어간 시간'만큼은 지금도 남아 있다. 그 시간은 학생들에게 자치와 참여의 경험을 주었고, 우당탕탕 초보 교사였던 나에게는 교육에 대한 새로운 시각을 열어주었다. 돌아보면 교사인 내가 바꾼 것은 많지 않다. 오히려 많은 것을 학생들에게 배웠고, 함께 도와주신 동료 선생님들 덕분이라고 생각한다. '혼자였으면 할 수 없었을 일'이 '함께 걷는 시간'이었기에 가능했다.

더불어 사는 배움의 장터,
학교협동조합이라는 이름으로

이민경(교사, 2023년~현재)

I. 낯선 시작, 그리고 새로운 시선

2025년, 국어 교사로서 12년째 살아오던 나는 처음으로 '학교협동조합'이라는 단어와 마주하게 되었다. 2023년 이 학교에 잠깐 근무했을 때, 매점 앞에서 학생들과 분주히 움직이는 선생님의 모습을 멀리서 본 적이 있다. '학생이 운영하는 매점이라니?', '교사가 직접 장을 본다고?' 그 모습은 다소 낯설고 생소했고, 나는 그저 흥미롭게 지켜볼 뿐이었다.

그런데 2025년 복직과 함께 그 일은 고스란히 내 몫이 되었다. 처음에는 '학교협동조합'이 무엇을 뜻하는지조차 몰랐다. 매점을 관리하는 또 하나의 업무 정도로 여겼다. 교사로서 역할은 교실에서 가르치고 평가하는 데 익숙해져 있었기에 '경제 활동'이나 '조합 운영'이라는 말은 나와는 거리가 먼 것처럼 느껴졌다.

막상 맡아보니 협동조합이라는 구조에는 단순한 운영을 넘어선 복잡하고도 역동적인 '사람들의 움직임'이 있었다. 회계사무소와 연락하며 처

카페 홍여울 내부

음 보는 파일들을 수고받고 물품을 주문, 정리하고 자판기 고장에 대응하며 정산표를 작성하는 일상의 반복 속에서 나는 어느새 지역 유통망과 연결되고 회계 구조를 익히며 학교 시설 행정까지 자연스럽게 배워가고 있었다. 무엇보다 이 모든 과정이 '학생들과 함께' 이루어진다는 점에서 더 이상 단순한 관리자가 아닌 '조력자'가 되어야 했다. 교사가 중심이 되어 운영을 이끌어 가는 것이 아니라, 학생들의 참여를 존중하며 함께 방향을 설정하고 때로는 한발 물러서서 조율해야 하는 관계 속에서 교사로서의 새로운 자리를 설정하게 되었다.

이처럼 '학교협동조합'이라는 이름 아래 펼쳐진 낯설고 복잡한 현실은 교사로서의 나를 확장하는 계기가 되었다. 단순한 매점 운영이 아니라 학교와 지역사회의 문제를 함께 고민하고 해결해 가는 실천 과정이었고, 그 안에서 우리는 아이들과 함께 '살아있는 민주시민 교육'을 만들어가고 있었다. 그때부터 나는 이 업무를 '또 하나의 수업'처럼 받아들이기 시작했다.

Ⅱ. 함께 만든 협동 구조

1. 운영을 기획하고 실행하는 주체, 스타틴업

가장 인상 깊고 소중한 경험은 교육과정 동아리 '스타틴업' 학생들과의 만남이다. 경제, 경영, 마케팅, 창업에 관심 있는 학생들은 물론, 그러한 진로를 희망하지 않더라도 성실하고 책임감 있는 학생들이 자발적으로 참여하고 있다.

학생들은 주문재고팀, 입고팀, 홍보팀으로 나뉘어 매점과 자판기 운영 전반을 기획하고 실행한다. 이들은 단순한 보조자가 아니라, 학교 공간을 함께 운영하고 이끌어가는 기획자이자 실행자다. 상품 발주, 입고 정리, 행사 기획, 홍보 포스터 제작, SNS 홍보, 가격 책정 회의까지 모두 이들의 손을 거친다. 시험 기간에는 '1+1 행사', 쿠폰 이벤트, 할인 판매 행사 등을 기획하고 운영하며 학생들의 참여와 호응을 이끌어냈다.

또한 동아리 한마당에서는 협동조합 운영의 일환으로 탄소중립 실천 체험 부스를 열고, 커피박을 재활용한 키링 만들기 체험 활동을 운영했다. 학생들은 지역 제품을 활용한 친환경 먹을거리와 함께, 일상 속 작은 실천이 환경과 공동체를 위한 행동으로 이어질 수 있음을 또래 친구들과 공유했다.

운영을 맡은 스타틴업 학생들이 역할을 나누고 매점 기획과 실행에 참여한다.

이런 활동을 통해 학생들은 협동조합 운영이 매점 관리에 그치는 게 아니라 사회적 가치와 연결된 실천임을 체감한다. 한 학생은 "우리가 준비한 행사에 친구들이

커피박 키링 만들기 등 탄소 중립 실천을 위한 작은 발걸음에 동참하는 체험을 했다.

학생들은 매일 매출을 정리하고, 입고 및 재고 관리를 주도적으로 한다.

참여하고, 만든 키링을 가져가는 걸 보면서 '내가 만든 게 학교 안에서 실제로 쓰이고 있구나'라는 생각이 들었어요."라고 했다. 학생들은 자신들의 활동이 단순한 역할 수행을 넘어, 학교 공동체를 위한 기획과 실행이었다는 점에 큰 자부심을 느끼고 있었다.

2. 협동의 일상, 무게와 성장의 균형

협동조합 운영은 매일 반복되는 구체적인 일상의 연속이다. 거래처별 주문 관리, 납품 일정 조정, 물품 보관과 정리, 재고 파악, 정산표 작성, 쿠폰 발행, 자판기 물품 점검 등은 모두 신중한 손길과 지속적인 관심이 필요한 일들이다. 초기에는 이 모든 과정을 대부분 교사가 감당했지만, 운영 체계를 갖추면서 학생들과의 역할 분담이 점차 안정되었다. 학생들은 각자 팀에서 책임감을 가지고 활동하며 교사는 조율자이자 조력자로서의 역할을 한다.

물론 운영의 어려움도 적지 않다. 참여 동기를 유지하고, 회계나 세무 같은 전문적인 업무를 관리하며 외부 업체와 소통하는 일은 열정만으로는 감당하기 어렵다. 그러나 이 역시 '함께 하는 운영'이라는 협동조합의 방식

속에 점차 개선되고 있다. 실수를 인정하고 개선점을 찾아 함께 해결하는 경험은 학생과 교사 모두에게 의미 있는 성장 과정이다. 협동조합은 경제 활동의 장을 넘어, 공동체와 실천을 배우는 살아있는 교육 현장이다.

3. 삶과 진로를 연결하는 실천의 장

협동조합 활동은 학생들에게 '운영을 도왔다'는 경험을 넘어, '문제를 인식하고 해결하는 방식'을 몸으로 익히는 실천적 배움이다. 의견을 조율하며 배려와 설득을 배우고, 재고 누락을 파악하며 책임을 익히며, 포스터를 만들며 창의적 표현력을 키운다. 무엇보다 '공동체의 일원으

할인 행사, 홍보 활동, 지역 연계 부스 운영 등 학생 주도 이벤트가 다양하게 펼쳐진다.

로 함께 만들어가는 과정'을 통해 교실 밖에서만 가능한 감동을 경험한다.

특히 올해는 진로와 연결하여 더욱 깊이 있게 협동조합 활동을 한 학생들이 많았다. 마케팅 분야를 희망하는 한 학생은 운영 계획서를 작성하고 소비기한이 짧은 친환경 먹을거리를 주로 다루는 매점 특성을 고려해 전교생을 대상으로 선호도 조사를 수시로 하자고 제안했다. 제과제빵 분야에 관심 있는 학생은 학생들이 좋아하는 빵 종류를 다양화하기 위해 납품처의 제품 구성 변화를 꾸준히 모니터링하고 있다. 경영 관련 진로를 희망하는 학생은 점심시간 외에도 자발적으로 매점을 찾아 재고를 파악하며 발견한 문제점이나 개선사항을 동아리 친구들과 상의해 교사에게 피드백을 요청하고 실천에 옮긴다.

이처럼 스타틴업은 단순한 동아리를 넘어 학생들이 자신의 삶과 진로

를 실현해보는 살아있는 실습 공간이자, 학교라는 공동체 속에서 자신들의 역할을 능동적으로 탐색하고 실천하는 장이 되고 있다.

Ⅲ. 교사의 자리에서 바라본 협동조합

이 업무를 처음 맡았을 때, 나는 그저 하나의 행정적 책임으로 여겼다. 물품을 주문하고 매출을 정리하고 자판기 고장을 처리하는 일상은 반복적이고 물리적이다. '왜 교사가 이 일을 해야 하지?'라는 생각이 스쳐 지나간 적도 있다. 그러나 시간이 흐르며 이 공간이 단지 매점이 아닌, 교육의 또 다른 장이라는 것을 깨닫게 되었다.

나는 교실에서 더불어 사는 삶을 국어라는 교과를 통해 가르치고자 노력해 온 교사지만 '국어'라는 교과 경계를 넘어 매점 앞에서 물품을 정리하며 학생과 대화하고, 함께 판매 전략을 논의하고, 정산표를 들여다보며 이야기를 나누는 그 모든 순간이 살아있는 교육의 장면이었다. 학생들은 매일매일 실제적인 문제를 마주하며 성장했고, 나 역시 그 속에서 교사로서의 새로운 정체성을 발견했다. 협동조합은 나에게 교실 밖에서 학생들과 '함께 살아가는 법'을 실천하게 해주는 공간이자, 공동체 안에서 성장하는 교육자로서의 나를 다시 세우는 계기가 되었다.

특히 스타틴업 학생들과 함께한 시간은 잊지 못할 감동과 울림을 주었다. 매점 운영뿐 아니라 행사 기획, 재고 정리, 포스터 제작까지 스스로 계획하고 실천하는 학생들을 보며 '학생이 교육의 중심에 설 수 있구나', '이들이야말로 우리 학교의 미래를 만들고 있구나' 하는 생각이 들었다. 이 협동의 경험은 나에게 사명처럼 느껴졌고, 이 일이 얼마나 큰 교육적 가능성을 품고 있는지 깨닫는 순간들이었다.

다가오는 2학기에도 우리는 홍보의 날 행사, 조합원 모집, 축제 부스 운영, 자판기 개선 등 다양한 과제를 앞두고 있다. 하지만 무엇보다 중요한 것은 이 흐름을 이어가는 일이다. 다음 담당자가 이 흐름을 이어받고 다음 세대의 학생들이 이 공간을 주체적으로 운영할 수 있도록 운영 구조를 비롯한 각종 기록을 남겨야 한다. 협동조합은 물건을 파는 공간만이 아니라 아이들이 삶과 사회를 연습하는 실천의 장이며 교사에게는 교실 밖에서 진짜 교육을 만나는 공간이다.

나는 확신한다. 이 모든 시간이 분명히 교육이며 그 중심에는 늘 학생들이 있었다. '홍여울'이라는 이름처럼 이 협동의 흐름이 잔잔하지만 단단하게 우리 학교를 흘러가기를 진심으로 바란다. 지금 이 시간 역시 또 다른 시작의 물결이 될 것이다.

3부

교육공동체가 말하는 혁신학교

함께 꾸는 꿈, 함께 가꾸는 행복학교 홍성여고

심상용(현 충남교육연수원장, 2018년~2021년 본교 교장)

2018년 3월 1일 혁신학교인 홍성여고의 공모교장으로 부임하면서 설렘보다는 걱정과 두려움이 앞섰습니다. 그해 3월은 홍성여고가 소향리 캠퍼스를 역사의 뒤안길로 하고 대교리(구 홍성고등학교 자리)로 이전하면서 학생들과 교직원 모두 마음이 여유롭지 않은 상황에서 저도 교장으로 부임하게 되었습니다. 교사 시절 홍성지역에서 13년간 근무한 인연은 든든한 의지가 되기도 했지만, 또 한편으로는 동료 교원들과 지역사회의 시선과 기대가 부담으로 다가오기도 했습니다.

교육청 장학사로 근무하면서 혁신학교의 철학과 가치에 대해 공부하고 이해하고자 했지만 학교 현장에서 학교혁신을 실천한 경험이 없었기에 조심스러웠습니다. 교장의 존재와 역할은 무엇일까 고민했습니다. 무엇보다도 집단지성의 힘을 믿고 학교혁신의 걸림돌이 되지는 말아야겠다는 최소한의 다짐으로 출발했습니다. 교장이 먼저 의욕을 보이고 앞서나가는 모습이 구성원들의 의욕과 사기를 꺾는 사례가 많았고, 학교장과 구성원들의 소통 문제로 서로 불신하고 좌절하는 학교들도 많이 봐왔기 때문입니다.

학교장의 '학교 경영 철학'이라는 용어가 너무 거창하게 받아들여지는 것 같아서 〈꿈꾸는 학교〉의 모습을 교장실 앞에 교장 이름 3행시와 함께 게시했습니다. 구성원들과 눈높이를 맞추고 소통하면서 한 발짝 한 발짝 나아가기 위한 몸짓이었습니다.

〈꿈꾸는 학교〉
1. 참여와 소통을 통해 민주적으로 운영되는 학교
2. 존중과 배려를 통해 배움과 성장이 일어나는 학교
3. 자율과 책임을 배우며 학생자치가 꽃피는 학교

〈교장 이름 3행시〉
심심할 때 교장실로 놀러 오세요.
상용 교장선생님이 친구 되어 줄게요.
용기 내어 들어오세요.

I. 민주적인 학교 문화 조성

학생들과 소통하는 교장으로

교장이 되면서 아이들과 소통하는 교장실이 되기를 소망했습니다.

교장실 앞에 제 이름으로 3행시를 써놓고 아이들을 꼬드깁니다. 초콜릿과 사탕으로 밑밥을 놓았습니다.

심: 심심할 때 교장실로 놀러 오세요.
상: 상용 교장선생님이 친구 되어 줄게요.
용: 용기 내어 들어오세요.

아이들이 하나둘 찾아와서 말을 겁니다. 특히 목련반(특수학급) 친구들은 하루 한 번씩 찾아오는 단골손님입니다.

어느 날 급식실에서 아이들 틈에 줄을 서 있는데 한 학생이 다가와 "교장샘, 제 이름은 하림이에요. 저 내일이 생일인데 축하 편지 써 주세요." 합니다. 펜으로 쓰려면 칸 채우기가 쉽지 않을 듯해서 저는 꾀를 부립니다. 못 쓰는 붓글씨로 편지를 써서 야자 시간에 살짝 불러서 전달했더니 깜놀입니다.

다음날 친구 희경이를 데리고 옵니다. 희경이 생일이 하림이 생일 다음 날이라네요. 즐거운 마음으로 또 써 줍니다. 소문이 나서 점심시간, 청소 시간에 너도나도 찾아옵니다. "교장샘 편지 받으면 기를 받아서 공부가 잘 될 것 같아요."

칭찬처럼 들리니 저는 신이 나서 또 씁니다.

학교 건물 벽에 계절 별로 시를 써서 학생들의 시선을 끌어당겨 봅니다.

활자체로 인쇄하다가 제 손글씨가 더 정감이 가지 않겠느냐는 선생님들의 제안이 칭찬처럼 들려서 손글씨로 써서 현수막을 걸어 줍니다.

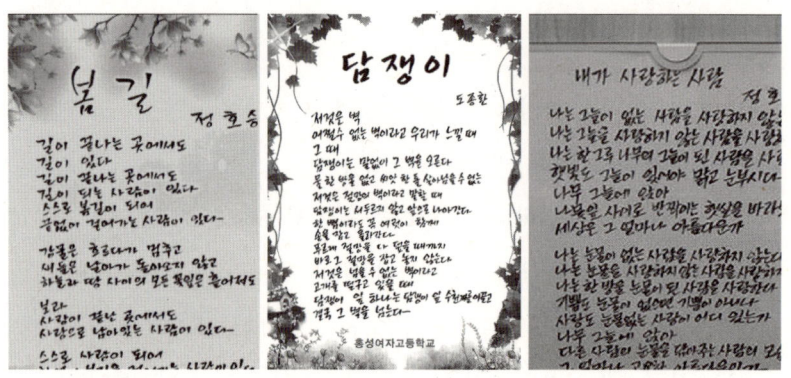

학교 진입로에 게시한 시 <봄길>과 <담쟁이>, 화장실에 게시한 시 <내가 사랑한 사람>.

이렇게 학생들에게 다가가고 소통하면서 학생들도 자연스럽게 교장실에 찾아와 주었습니다. 학교장과 학생들이 가까워지면서 학생자치 활동의 매개가 되기도 했습니다.

여럿이 함께 가는 길, 선생님들과 함께

홍성여고 부임 후 첫 교무회의에서 진지한 토론이 있었습니다. 모두가 학교와 아이들을 사랑하는 마음으로 회의에 임했습니다. 서로의 다름을 존중하면서도 약간의 생채기는 있습니다. 심각한 논쟁 후에는 행여나 마음 다치는 선생님이 계시지 않을까 걱정되기도 했습니다. 새벽에 일어나 몇 자 적어서 선생님들께 〈쿨메신저〉로 드렸습니다.

〈민주적 소통을 위해 선생님들께 쓴 편지글〉

선생님들께.

온 대지를 적셔주는 봄비가 내리는 아침입니다.

어제 장시간 회의에 참석하느라 고생 많으셨습니다. 고맙습니다. 회의가 길어지면서 다소 피로를 느끼기도 하셨지만 대부분 선생님이 끝까지 자리를 지키며 진지하게 토론하심에 깊이 감사드립니다.

힘든 과정이지만 우리 조직이 참으로 건강하게 성장하고 있음을 반증하는 모습이라고 생각하면 학교장인 저에게는 큰 힘이 됩니다. 우리가 민주적인 조직을 갈구하지만 그 또한 쉽게 이루어질 수는 없다는 생각입니다. 대표자는 권위를 내려놓아야 하고 구성원들은 적극적으로 참여하고 의견을 주셔야 가능하겠지요. 그 과정에서 서로의 다름을 존중하고 배려해야겠지요.

선배님들은 오랜 경험에서 터득한 지혜를 주시고 후배들을 다독이며 그들의 신선한 생각들을 받아들이는 너그러움, 후배들은 선배님들의 경륜과 지혜를 배우고 존중하며 아이들과 더 가까이 공감할 수 있는 세대로서 조직의 신선한 동력이 될 수 있겠지요. '누구의 생각이 옳고 누구의 생각이 그르다'라기보다는 각자 생각과 견해가 다를 수 있는 것이지요. 서로의 다름을 존중하면서 의견을 모아가면 앞으로 회의문화도 조금씩 발전해 가리라 생각합니다.

다양한 회의 체계가 있지만 전체 직원회의에서 모든 선생님이 한 번씩 발언하면서 각자의 생각을 들어보는 것도 큰 의미가 있었습니다.

어제 논의된 안건들에 대해서는 금요일 부장회의를 통해 최종안을 마련하여 추진하겠습니다. 다양한 생각들이 있었지만 일단 결정되면 모두가 기쁜 마음으로 함께해주시면 좋겠습니다.

"여럿이 함께 가면 험한 길도 즐겁다."

제가 늘 마음에 새기는 신영복 님의 글귀입니다.

오늘도 많이 웃으시고 행복한 날 되시기 바랍니다.

2018.3.15. 봄비 내리는 새벽 아침, 교장 심상용 드림

이런 과정을 거치며 교사들의 활발한 토론과 참여를 이끌어내면서 교무회의를 활성화하고자 했습니다. 학교의 기본 조직인 부장협의회, 학년협의회, 교육과정위원회 등을 활성화하고 수업과 평가혁신을 위해 전문적 학습공동체를 운영했습니다. 돌이켜 보면 선생님들의 적극적인 참여와 헌신이 고맙기만 합니다.

교육과정평가협의회

전문적 학습공동체

평가회 토론과 발표

든든한 응원군 학부모와의 소통

출근과 함께 하루 일과를 아침 등교 맞이로 시작합니다. 걸어서 오는 학생들, 대중교통을 이용하는 학생들도 많지만, 교문 안까지 자가용으로 학생들을 태워다 주는 학부모님들이 많습니다. 학생들을 맞이하며 함께 오시는 학부모님들과도 정겹게 인사를 나눕니다. 여기서 학부모님들과의 소통이 시작됩니다.

학부모학습공동체을 꾸려서 소통의 자리를 만들고 교육공동체 생활협약문 제정, 학교협동조합 설립 등 학교 운영에 직·간접적으로 참여하여 학교 혁신에 지지와 응원을 보태 주셨습니다.

아침 등교 맞이

김장나눔을 함께 하시는 학부모님들

학부모학습공동체

학부모, 지역사회와 함께

소통 수단으로 한 달에 한 번 정도 문자메시지로 가정통신문을 보내며 소통했습니다.

학부모님께.

4월은 우리에게 아픈 기억들이 있기에 마음이 무겁습니다.

그러나 4월은 새싹들과 봄꽃들의 향연이 펼쳐지는 희망의 계절이기도 합니다.

우리 홍성여고 학생들은 새로운 배움터에서 학업에 정진하고 있습니다.

내일(4.10.화)은 2학년 학생들이 제주도로 수학여행을 떠나고 금요일에는 1학년과 3학년 학생들이 현장체험학습을 다녀올 계획입니다. 우리 아이들이 안전한 가운데 보람된 추억을 안고 무사히 돌아오길, 가정에서도 기도해 주시기 바랍니다. 학교에서도 아이들의 안전을 최우선으로 하면서 교육적 효과와 함께 즐거운 체험학습이 되도록 만전을 기하겠습니다.

4월에도 학부모님들의 신뢰와 응원 속에 우리 아이들이 바른 인성과 함께 학업에 매진할 수 있도록 선생님들과 더욱 힘을 내겠습니다. 늘 감사드립니다.

홍성여고 교장 심상용 드림

〈학부모님 답장 편지〉

교장선생님.

다른 학교와 다르게 이른 아침부터 나오셔서

교장선생님, 교감선생님께서 아이들을 손수 맞이하는 모습에

큰 감동을 받았습니다.

학생을 존중하고 배려하는 학교의

모습에 학부모로서 마음으로나마 정성껏 후원하고 있습니다.

가족과 함께 즐거운 명절 되십시오.

고맙고 감사드립니다.

1학년 3반 ○○○ 엄마 드립니다.

II. 학교자치가 꽃피는 학교

무엇보다도 홍성여고의 자랑은 학생자치 활동입니다. 학생들 스스로 선출한 학생회가 중심이 되는 학생자치는 학교교육과정 운영의 큰 동력과 활력소입니다. 학생들의 복장과 학교생활 태도 때문에 선생님들과 이견과 잡음이 발생하기도 하지만 학생들에게 자정 능력을 길러주는 것도 교육의 큰 역할이라고 생각했습니다. 그 첫 단추를 교육공동체 생활협약문 제정으로 시작했습니다.

교육공동체 생활협약문 제정

학생회장단 선출 유세

목련축제

학생자치 활동을 뒷받침하는 학생회 임원들의 리더십으로 학생 다모임 운영, 체육대회, 목련축제 등 다양한 학교 행사를 학생들이 주체가 되어 추진했습니다. 전국적으로 관심을 끈 세월호 추모 행사, 학생들 스스로 기획하고 운영하는 인문사회답사, 학교협동조합 창립 및 학교 내 매점 운영 등, 홍성여고 학생들은 활발한 자치활동을 통해 성장했습니다.

홍성여고 포토존에서   홍여울 카페 매점

Ⅲ. 행복과 감사로 가득한 홍성여고 4년

돌이켜보면 행복 가득한 4년이었습니다. 학교 혁신의 걸림돌이 되지 않겠다는 다짐으로 시작한 교장 생활은 걸림돌 대신 작은 디딤돌 하나 올려놓았다는 보람으로 제 교직 생활에 남아있습니다. 제 역할은 미미했고, 이 모든 성과는 함께했던 학생들과 선생님들, 교직원들, 학부모님들, 홍성여고 동문회, 지역사회가 함께 애써 주시고 지지와 응원을 보내주신 덕분입니다.

물론 홍성여고에게는 아직도 많은 과제가 있으리라 생각합니다. 하지만 구성원 모두가 한마음으로 슬기롭게 헤쳐나가면서 새로운 역사, 빛나는 전통을 쌓아가리라 굳게 믿습니다. 홍성여고 파이팅입니다!

자랑스러운 학교, 홍성여고!!

김은경(현 예산교육지원청 교육과장, 2022~2023년 본교 교장)

2022년 3월, 혁신학교인 홍성여자고등학교 교장으로 부임하여 2년간 자랑스러운 학생과 믿음직한 교직원 모두의 성장과 발전을 가까이서 지켜볼 수 있었던 것은 제게 큰 기쁨이자 영광입니다. 홍성여고는 혁신학교의 가치를 깊이 이해하고 실천하는 아름다운 공동체입니다.

학생 중심의 배움과 성장

홍성여고는 학생들이 배움의 주체가 되는 공간입니다. 단순히 지식을 전달하는 것을 넘어, 학생 자율 동아리와 학생회 자율 운영을 통해 학생들이 스스로 삶의 주인이 되는 방법을 익힐 수 있도록 이끌었습니다. 학생들은 자신들의 관심사를 탐구하고, 다양한 활동을 스스로 기획하고 실행하며 협업의 가치를 배웠습니다. 이런 과정에서 학생들은 책임감과 주도성을 기를 수 있었습니다.

교사들의 전문적 학습공동체

우리 학교 교사들은 전문성을 향한 뜨거운 열정이 있습니다. 전문적 학습공동체를 통해 교사들은 끊임없이 서로의 수업을 공유하고, 함께 고민하며 더 나은 교육 방법을 모색했습니다. 단순히 교과 지도를 넘어 학생들의 삶을 이해하고 전인적 성장을 돕기 위해 헌신하는 모습에서 진정한 스승의 의미를 다시금 깨달았습니다. 교사들의 이런 노력은 학생들의 성장뿐만 아니라 학교 전체의 혁신을 이끄는 원동력이 되었습니다.

함께 만든 아름다운 공동체

홍성여자고등학교는 학생, 교사, 학부모가 함께 소통하며 만들어가는 공동체입니다. 학생들의 꿈을 지지하고 응원하는 교사들의 헌신, 학교의 발전을 위해 아낌없는 지원을 보내주신 학부모님들의 믿음이 있기에 홍성여고는 따뜻하고 안전한 배움터로 자리매김할 수 있었습니다. 특히, 학생들의 행복한 성장을 위해 밤늦게까지 연구하고 고민하는 선생님들의 모습은 제게 깊은 감동을 주었습니다.

2년의 시간은 홍성여고의 모든 구성원이 함께 성장하는 값진 경험이었습니다. 혁신학교의 성공적인 모델을 만들어낸 홍성여고의 노력과 성과는 앞으로도 대한민국 교육 현장에 큰 귀감이 될 것입니다. 홍성여고에서 함께했던 모든 순간을 소중히 간직하며, 홍성여고의 무궁한 발전을 응원하겠습니다.

엄마와 함께 행복한 우리 아이들!

오은경(2023~2024년 학부모회장)

나비의 일생과 병아리의 일생에 대한 상반된 이야기를 듣고 깊이 생각해 보았다. 번데기에서 탈피하는 가장 힘든 순간에 누군가가 칼로 번데기를 잘라 도와주었더니, 그 나비는 날지 못하고 오래 살지도 못하고 죽었다는 나비효과 이야기, 그리고 반대로 알껍질을 깨고 나오느라 체력을 소진한 병아리에게 엄마 닭이 밖에서 껍질을 부리로 쪼아주어 조금 덜 힘들게 세상에 나오도록 도와주었더니 병아리는 피부가 마르지 않고, 마치 껍데기 안에 있을 때처럼 촉촉한 상태로 태어나 건강하게 잘 자라났다는 줄탁동시(啐啄同時) 이야기 말이다. 부모의 역할이 어디까지여야 하며, 어떻게 양육하는 것이 정답일까 고민하게 되는 이야기다.

나도 엄마가 처음이었다. 조금은 미성숙한 엄마였고, 그 부족함을 책으로, 또 지인들의 도움으로 채워가며 하루하루를 살아왔다. 그러던 중 혁신학교를 알게 되었고, 관련 교육을 듣게 되었다. 관심과 흥미는 커졌지만, 막상 아는 것이 너무 없었다. '단순하게 생각하자.'라고 다짐했지만, "모든 부모는 내 자녀가 공부 잘하고 건강하길 바란다."라는 확증편향적인 이기심과 욕심에 교육받는 내내 혼란스럽기도 했다. 과연 무엇이 내 아이를 행복하게 하는 것이며, 어디가 행복한 곳일까 하는 의문에 답을 찾지 못한 채, 여러 번의 교육을 찾아다녔다. '알아야 면장도 한다.'라는 말처럼, 알아야 비로소 아이와 교육을 이해할 수 있음을 실감했다.

내가 추구하는 행복이 아니라 아이의 행복을 찾아주어야 하는 엄마임에도 내 욕심으로 아이를 지치게 하고 있다는 사실을 알면서도 내 고집을 내려놓기가 몹시 힘들었다. 많은 고민 속에서도 나는 혁신학교 학부모회의에 꾸준히 참여했다. 그 과정에서 학부모회가 단순한 '행사 지원단'이 아니라 학교와 학부모가 함께 아이들의 세상을 만들어가는 교육의 공동 설계자이자 동반자라는 것을 조금씩 깨닫게 되었다. 학원과 각종 미디어 속에서 어느새 부모와 자녀들은 서로 대화 없이 하루하루를 보내며 데면데면해지는 것이 흔한 경우가 되어버렸다. 그런 관계에 대한 고민을 나누고, 그 생각이 대화로 이어지면서 아이들과의 갈등을 조금이나마 해소할 방법들을 함께 궁리하며 배웠다. 아이들뿐만 아니라 엄마들도 그 과정에서 함께 성장했으리라 믿는다. 나눌 수 있는, 나눌 줄 아는 아이로 키우고, 남의 아픔에 공감하며 눈물 흘릴 줄 아는 아이로 성장시키는 것은 '내 아이만 소중하다'는 이기심을 버린 양육자에게서 비로소 가능하다는 것을 알기에, 엄마들은 비록 정해진 날에 만나 짧게 안부를 나누지만 그 속에서 서로의 힘이 되어주는 관계로 조금씩 깊어져 갔다. 3년간의 학부모회 활동과 모임을 통해 홍성여자고등학교 학부모회가 하나로 뭉칠 수 있었고, 그 과정에서 이루어진 교육과 체험들이야말로 홍성여자고등학교 학부모회를 지탱하는 원동력이 되었다고 생각한다.

나는 엄마가 행복하면 아이도 행복하다고 믿는다. 환하게 웃는 엄마, 밝은 미소로 화답하는 엄마, 매사에 긍정적이고 감사할 줄 아는 엄마는 결코 아이를 힘들게 하지 않는다는 것을 알기에, 선생님들과 엄마들은 늘 웃음을 나누며 감사한 마음으로 함께했다.

어느 날 신문에서 읽은 기사에, 면접에서 "본인이 좌우명으로 삼는 사자성어(四字成語) 세 개를 이야기해 보라."라는 질문에 대답하지 못한 수험생들이 대부분이었다는 이야기가 있었다. 그 기사를 보고, 우리 딸들이 한 번쯤 이런 고민을 해보길 바라며 현수막에 글귀를 걸었다. 그 현수막을 본 우리 아이들 중 몇 명이나 그 의미를 깊이 생각해 보았을까?

모녀 사이에도 쉽게 꺼내기 힘든 성교육을 전문가에게 배우며 서로 한 뼘 더 가까워지고, 아이의 사생활에 대해 조금 더 이해하고 관심을 갖게 되었다. 엄마들과 선생님이 함께 책을 읽고 감정을 나누며 연말이면 어르신들께 나눔의 기쁨을 전하는 봉사활동도 이어갔다. 학교 축제인 목련제에서는 함께 응원하고 박수치며 아이들이 어른으로 성장해 가는 모습을 지켜보았다. 그 순간만으로도 감사함을 느끼며 함께 웃고 울다 보니 어느

새 3년이라는 시간이 훌쩍 지나 있었다. 그렇게 아이는 엄마와 함께 행복하게 성장해 갔다. 우리 아이의 3년은 구름이 흘러가듯 지나갔고, 이제는 성인이 되어 자기 적성과 행복을 찾아 한 걸음 더 성장하며 새로운 길을 걸어가고 있다.

어느덧 홍성여자고등학교가 혁신학교로 걸어온 시간도 10년. 그 세월 동안 수많은 딸들이 이곳에서 성장하며, 자신의 행복을 찾아 땀 흘리는 멋진 여성으로 자라났다. 그 과정에는 선생님들과 학부모들의 단합과 배움이 있었기에 가능했을 것이다. 지금도 홍성여자고등학교는 혁신학교의 모범 사례로서 많은 학교의 관심과 본보기가 되고 있다. "자녀는 관심과 사랑으로 자란다."라는 말처럼, 우리 홍성여자고등학교에도 앞으로도 늘 따뜻한 관심과 사랑이 넘쳐나길 바란다.

"최고보단 최선"

이태의(3학년, 2024~2025년 학생회장)

중학교 때부터 고등학교까지 학생회 임원으로 활동해오며, 자연스럽게 전교회장이라는 자리를 가까이서 지켜볼 수 있었다. 그 자리에 있었던 선배들은 배울 점이 많은 사람이기도 했고, 나와는 다른 스타일의 리더이기도 했다. 나는 그들이 회장으로 일하는 과정을 곁에서 끝까지 지켜보았다. 이런 경험을 통해 내가 회장을 맡아도 잘 해낼 수 있다는 확신이 생겼고, 선거에 나서게 되었다.

선거를 준비할 때부터 지금까지, 내가 보아온 여러 리더의 모습들을 참고삼아 내가 생각하는 회장의 모습에 맞춰 행동하려고 노력했다. 선거에서 가장 강조했던 말은 '최고보다는 최선을 다하는' 회장이 되겠다는 것이었다. 그동안 많은 사람과 소통해왔고, 그 속에서 '항상 최고의 선택을 해왔다'고 스스로 믿은 적도 있다. 그런데 어느 순간, 내가 내린 결정이 정말 모두에게 '최고'였을까 하는 의문이 들었다. 그때부터는 내 입장에서의 '최고'가 아니라, 함께할 수 있는 '최선'의 선택을 하려고 했다. 결국 회장 임기를 마치며 드는 생각은 이것이다. '완벽한 선택'을 찾는 것보다, '최선의 선택'

을 함께 믿고 만들어가는 과정이 더 중요하다는 것이다.

선거 후 학생회장으로 당선됐을 때는 몹시 기뻤다. '드디어'라는 감정이 가장 먼저 들었다. 내가 오랫동안 그려왔던 모습들을 이제 실현해볼 수 있겠다는 생각이 들었고, 그것이 단순한 만족보다 더 큰 동기였다. 물론 책임감이 없었던 건 아니지만, 그보다는 '잘 해낼 수 있다'는 믿음이 더 컸다. 그 믿음이 이 자리에서 끝까지 버티게 해 준 것도 맞다.

하지만 전교회장으로 있었던 시간이 늘 즐겁고 행복했던 것은 아니다. 회의를 조율하는 일은 생각보다 손이 많이 갔고, 처음에는 협업이 익숙하지 않아서 선생님이 나만 따로 불러 일을 주시는 경우도 많았다. 그럴 때는 다른 사람에게 전달해서 맡기는 것보다 내가 직접 하는 게 더 빠르다고 생각했다. 그래서 초반에는 몸을 많이 움직이며 처리했던 것 같다.

시간이 지나면서 생각이 조금씩 달라졌다. 친구들과 역할을 나누고, 시간이 걸리더라도 믿고 맡기기 시작하자 오히려 더 체계적으로 돌아갔다. 나는 일할 때 모든 것을 완벽히 준비하고, 내가 직접 컨트롤해야 잘된다고 믿는 편이었다. 그것이 가장 정확하고 효율적인 방식이라고 생각했다. 하지만 회장을 하면서 그 방식이 항상 옳은 것은 아니라는 것을 알게 되었다. 사람마다 속도도 다르고, 일하는 방식도 다르다. 전체 흐름을 보고 조율하는 일, 필요할 때는 맡기고 기다리는 일이 더 중요할 수도 있다는 것을 배웠다. 결국 체계란 것은 한 사람의 통제가 아니라, 각자 자기 역할에 집중할 수 있도록 신뢰와 책임이 함께 작동하는 구조라는 것을 직접 겪으며 이해하게 되었다.

행사를 기획할 때도 마찬가지였다. 목련제 축제나 다모임 회의 준비를 할 때, 인원 배치나 역할 분담을 단순하게 나누는 것이 아니라, 무대와 관중 통솔 인원을 정할 때 '이 인원이 빠지면 누구를 대신 세울 수 있을지', '학년별, 반별 특징은 어떤지', '학생회의 강점과 한계는 어디인지'까지 파악하고 계획을 짰다.

이 과정에서 조심성도 자연스럽게 생겼다. 누군가와 소통할 때는 언행에 무게가 실리다 보니 더 신중하게 말하고 행동하려 했고, 누군가를 믿어줘야 일이 돌아간다는 것도 더 체감하게 되었다. 일할 때 가장 중요한 것은 믿음이라는 것을 그때 깨달을 수 있었다. 이것은 앞으로 어떤 조직에 있든, 어떤 관계에 있든 도움이 될 감각이라고 생각한다.

이런 성장을 할 수 있었던 건 홍성여고라는 환경 덕분이다.

내가 중학교 3학년으로 돌아가서 원서를 쓴다고 해도, 나는 1지망으로 홍성여고를 쓸 것이다. 근거 없는 프라이드도 아니고, 타의적 선택 또한 아니다. 학교 다니면서 특히 임기 동안은 내가 다른 학교에 갔다면 이렇게까지 해내지 못했을 것 같다는 생각을 자주 했다. 여기서의 인연이 정말 소중했고, 그 인연들이 나를 성장시켰다는 것은 결코 부정할 수 없는 사실이다. 비록 1학년 때는 아쉽게 낙선했지만, 그때 나에게 전교회장선거에 함께 나가자고 해준 선배들과 선거에 출마했던 기억, 임기 중에도 계속 응원해주시고 믿고 일을 맡겨주시던 선생님, 무엇보다 혼자였다면 해내지 못했을 일들을 함께 이뤄준 학생회 임원들, 힘들고 바쁘고 지칠 때 말하지 않아도 곁에서 이해해주고 옆에 있어 준 친구들까지—모두 나에게는 잊을 수 없는 인연들이고, 정말 감사한 사람들이다.

홍성여고에서 키운 이 경험을 바탕으로 계속 성장해 가고 싶다. 언제 어떤 곳에 있든 믿음을 바탕으로 한 리더십을 보여주며, 함께 만들어가는 과정이 얼마나 소중한지 잊지 않으려 한다.

학적은 절대 바꿀 수 없다고들 한다. 홍성여고를 선택한 그때부터 졸업하고 사회에 나아가는 그날까지 나의 선택을 최고의 선택으로 만들기 위해, 현재에 최선을 다하며 살 것이다. 최고보단 최선을 다하는 사람. 그게 지금의 내 선택이다.

4부

아직 끝나지 않은 이야기

남겨야 할 것과 새로 채워야 할 것

이윤태(교감, 2024년~현재)

1. 혁신학교 9년 차 모습

큰 꿈 꾸며 더불어 성장하는 행복한 학교인 홍성여자고등학교에 교감으로 부임한 지 벌써 1년이 지났습니다. 처음에는 두려움 반 설렘 반으로 교사와 학생이 함께 키우는 혁신학교 9년 차인 학교에서 훌륭한 교육정책을 이어가면서 새로운 변화를 이끌어내야 하는 중요한 역할에 대해 고민하게 되었습니다. 학생 주도적인 프로젝트 수업, 토론·협력 중심 수업, 동아리 자치 활동 등 학생이 주체가 되는 학교 문화가 정착되었고, 교사-학생-학부모 간 소통, 회의 문화, 전문적 학습공동체 의사결정 구조로 교사들이 서로 배우고 의지할 수 있는 민주적 학교 문화를 이어가게 되었습니다. 그리고 지역사회에 연계한 마을 교육공동체 형성, 우리 지역 진로-멘토와 함께하는 지역 현안 주제 탐구 활동을 통해 학생들의 꿈과 끼를 마음껏 발산할 수 있었습니다.

하지만 혁신학교가 긍정적인 효과만 가져오지는 않았습니다. 좋은 기존 가치를 바탕으로 새로운 시대의 요구에 맞춰 변화하고 발전할 수 있는,

즉 교육과 입시, 두 마리 토끼를 잡는 '투 트랙' 전략이 필요했습니다. 학생들이 행복하게 배우는 것도 중요하지만 그들의 미래를 위한 실질적인 준비도 필요했습니다. 맞춤형 진로·진학 지도 강화의 일환으로 혁신학교의 특색을 살려 학생들의 다양한 활동 기록을 학교생활기록부에 풍부하게 담아내고, 학생들의 강점을 살려 진로를 설계할 수 있도록 도움을 주어야 하는 부담이 생기게 되었습니다. 인문학 독서 토론 등 정규 수업과 연계하여 학생들의 학업 역량을 끌어올려야 하는 부담도 있었습니다.

인문계 고등학교는 대학입시를 무시할 수 없기에 학부모와 학생이 체감할 수 있는 실질적인 성과가 필요했고, 혁신은 입시를 포기한다는 오해를 불식시키기 위해 비교과와 교과 세특 기록에서 교육활동이 자연스럽게 입시 경쟁력으로 연결되도록 설계할 수밖에 없었습니다. 학교 차원의 전략 지원이 필요했고, 혁신학교 경험이 장기화하면서 수업연구→수업나눔→수업정착으로 학교 전문적 학습공동체 심화를 위해 노력해야 모두가 성장하고 행복한 학교가 될 것인데 이 또한 부담되었던 것입니다. 학생 개개인의 다양성과 잠재력 발현으로 행복한 학생으로 성장하고, 연구와 협력으로 전문성이 심화되어 교사로서 보람을 느끼면서 즐거운 마음으로 공교육 신뢰 회복과 함께 교사의 무거운 업무의 짐을 내려놓으면 지역사회와 연계한 열린 학교로서 크게 성장하리라 생각했습니다.

2. 혁신학교 10년의 주요 성과

첫째로, 학생들의 주체적인 참여를 강조하며, 토론·탐구 중심 수업과 교육과정 다양화를 통해 자기주도적 학습 능력과 문제 해결력을 높였습니다.

둘째로, 교사, 학생, 학부모가 학교 운영 주체로서 참여하고 소통하는 문화를 만들어서 학교 구성원 모두의 자치역량과 공동체 의식이 강화되어 민주적 학교 문화 정착으로 교사의 전문적 학습공동체인 어울림, 여울림, 이울림이 활성화되었습니다.

셋째로, 자율적인 학생자치회를 통해 경쟁보다 협력을, 개인보다 공동체를 중시하는 문화를 통해 학생들이 더불어 살아가는 법을 배우고, 인성과 사회성을 함양함으로써 졸업 후 학교에 대한 만족도가 높은 학교가 되었습니다.

3. 마침보람 이후의 발전 방향

10년이라는 긴 여정의 마침은 새로운 시작을 의미합니다. 혁신학교가 지금까지 이룬 성과를 바탕으로 다음 단계로 나아가기 위한 방향을 제시하기도 합니다.

첫째로, 혁신학교의 성과가 특정 학교나 개인의 노력에 그치지 않고, 모든 학교로 확산할 수 있는 제도적·정책적 지원이 필요합니다. 교사들의 잦은 이동으로 혁신 문화가 단절되는 문제를 보완하고, 혁신 교육의 철학을 학교 운영 시스템에 내재화하는 노력이 필요합니다.

둘째로, 인공지능, 디지털 전환 등 빠르게 변화하는 미래 사회에 대응하기 위해 혁신학교는 기존 틀을 넘어서야 합니다. 단순한 체험활동을 넘어 탐구 기반의 쓰기 수업이나 디지털 교육을 도입하여 학생들의 비판적 사고력과 창의력을 더욱 심화시켜야 합니다.

셋째로, '혁신학교는 입시 교육에 소홀하다'는 일부 우려에 대해 학생들의 다양한 활동 기록을 학교생활기록부에 효과적으로 담아내고, 맞춤형 진로·진학 지도를 강화하는 노력이 필요합니다. 학생들이 행복한 교육을 받으면서도 자신의 미래를 설계할 수 있도록 지원함으로써 옛 명성을 되찾는 홍성여자고등학교로 부활하리라 생각합니다.

다음을 준비하고 꿈꾸며

김구슬(교장, 2024년~현재)

홍성여고 교장으로 첫 방문을 했을 때를 기억해보면

'초록 잔디 위로 녹지 않은 흰 눈이 쌓여있고 빨간 하트 모양의 벤치…'

조화로운 색상에 감동하고, 르네상스의 근원지인 이탈리아 국기가 생각났다.

'충남 혁신학교 중 르네상스 시대를 걷고 있는 학교가 홍성여고가 아닐까…'

교장실에 들어서면서 가장 먼저 눈에 들어온 것은 '교육공동체 다모임 학교생활협약'이다. 잠시 두리번거리니 슬로건이 눈에 띄었다.

'홍성여고! 아자아자!'

아름다운 캠퍼스!
　활력이 넘치는 감성꿈틀 홍성여고 공간혁신
자율과 자치의 교육공동체!
　함께 디자인하는 홍성여고 미래형 교육과정
아름다운 인성, 존중과 배려!
　창의융합인재로 거듭나는 홍성여고 학생
자상한 가르침, 열정과 헌신!
　수업혁신을 선도하는 홍성여고 선생님

얼마 지나지 않아 홍성여고를 가장 잘 표현한 것이 슬로건 '아자아자!'였다는 것을 알게 되었다. 그렇게 경험하고, 함께 호흡하며 1년 반이 지나가는 이 시점에서 혁신학교를 마무리하는 글을 쓰게 되었다. 우리는 어디를 함께 바라보며 가고 있는가.

첫인사

2024년 2월 교육과정 함께 만들기 주간 첫날. 부임 인사를 했다. 학교장 의지로는 **'엉킴 없이 조화롭게, 기본에 충실하게'** 운영되기를 바란다는 간단한 인사였다. 카톡 프로필에 담긴 생각을 그대로 이야기했다. 부서 간, 교과 간 조화로운 협력이 필요하고, 학생을 중심에 두고 수업에 대한 고민을 공유하고 해결해 가는 교사의 모습을 그렸다.

혁신 9년 차 홍성여고에서 배우다

[아침 등교맞이] 유병대 교장선생님께서 하시던 학생 등교맞이는 교장의 전통이 되었고, 매일 아침 학생 등교맞이로 하루를 시작한다. 학생들과의 눈 맞춤, 인사 나눔, 이름을 불러줄 때 깜짝 놀라는 표정, 까르르 웃음소리, 아침밥을 손에 들고 등교하는 학생들, 캠페인 활동으로 함께 등교맞이를 하는 학생들, 학생자치회, 그리고 도미닉 선생님과 교감선생님, 학생자치부장선생님. 교장으로서도 즐겁게 하루를 시작하는 시간이다. 몇몇 학생들의 이름을 불러주고, 영어로 하는 인사는 이젠 멋쩍지 않다. "Have a good Day!", "Have a nice week!"

[사제동행] 벚꽃이 개화하는 일 년에 단 1주의 짧은 기간은 그 풍경만으로도 기다림의 시간마저 행복하게 한다. 담임선생님과 학급 학생들이 벚꽃이 활짝 핀 학교 앞 대교공원에서 추억을 쌓고 있는 모습을 보고 있으면 괜히 흐뭇하다. 학교에는 곳곳에 음수기가 설치되어 있었다. 그런데 설비가 노후하여 이용을 꺼리는 경우가 있었고, 교직원과 학생 모두의 복지를 위해 정수기 설치가 필요하다는 의견이 모아졌다. 이에 네 개 교무실 앞 음수기 옆에 정수기를 설치하고 400여 명의 교육공동체가 함께 사용하고 관리할 수 있게 했다. 소소한 일상에서 시작된 '사제동행'의 움직임은 학생과 교사의 유대감과 신뢰감을 키워 학교 문화의 토대를 더욱 확고하게 다져갔다. 사제동행 독서토론, 사제동행 배드민턴대회, 사제동행 경매, 사제동행 이벤트 등… 선생님과 학생이 함께하는 사제동행의 순간들은 '이것이 바로 홍성여고의 힘이구나'라는 것을 다시금 느끼게 해준다.

[학생 주도성 학생자치] 학생자치는 2025년 2월 중등교장회의에서 자랑스럽게 사례를 발표할 정도로 일상화, 생활화되어 있다. 학생들은 스스로 문제를 인식하고 해결해 가는 다양한 활동에 주도적으로 참여하고 민주시민으로서의 소양을 키웠으며, 학생자치의 날, 학생자치회 주관 축제, 스포츠 한마당, 학생 다모임, 사제동행 배드민턴대회, 틈새체육활동, 캠페인 등을 통해 주인의식을 갖고 성장할 수 있는 기회가 있었다. 스스로 목표를 정하고 책임감 있게 행동하는 '학생 주도성'이 여기 있다. 학생자치회 점퍼를 입고 싶고, 그 모습에서 힘이 느껴진다.

[교사 주도성 여울림, 어울림] 전문적 학습공동체의 두 축은 수업혁신과 학생생활지도다. 수업방법 개선(수업혁신)의 중심에 여울림이 있다. 여울림

은 매년 한 명의 교사가 전 교사를 대상으로 수업을 공개하고 수업나눔을 한다. 배움 중심 수업의 전문가들이 참여하여 수업 성찰, 동료 교사로서의 역할, 수업 나눔 방법 등을 함께 모색하며 또 다른 배움의 자리를 만든다. 이를 통해 수업을 진행한 교사는 학생들의 학습 속도와 배움의 깊이 차이를 고려한 수업 설계 역량을 키우고, 동료 교사들의 지지와 지원을 바탕으로 수업에 대한 자신감을 얻으며 한 뼘 이상 성장하게 된다. 회복적 생활교육 중심은 어울림이다. '학교폭력 없는 학교'라고 불리기까지 선생님들의 세심한 상담과 손길이 있었다. 함께 나누고 배우는 선생님들이 홍성여고의 저력이다.

[사회적협동조합] 홍성여고의 자랑거리 중 하나는 사회적협동조합이다. 동아리 '스타틴업'이 주체가 되어 운영되는 매점과 가치 공유 등이 다른 학교와 차별화되는 부분이다. 바른 먹을거리와 건강한 먹을거리로 운영되는 매점과 자동판매기는 이용 시간을 기다리는 학생들이 가장 애정하는 공간이다. 동아리 학생들이 모든 것을 관리할 수 없기에 그만큼을 채워줄 담당 교사의 열정과 헌신이 있어야 하는 일이다. 그동안 업무를 담당했던, 지금 담당하고 있는 선생님께 이 글을 통해 감사의 인사를 전한다.

[교육공동체 다모임 학교생활협약] 학생, 학부모, 교사가 2022년부터 학교생활협약을 만들고, 그 가치를 살려 자율적으로 실천하고 있다. 학생자치회 임기(8월~다음 해 7월)에 맞춰 학생 다모임, 학부모 다모임, 교사 다모임이 운영되고, 새로운 협약을 만들어 공유하고 실천한다. 협약서에는 교육공동체 대표가 사인하여 교장실 앞쪽에 보관하며, 함께 볼 수 있는 장소에 게시하고 있다. 그러던 중 '학교문화 책임규약'을 마련하라는 공문이 부담

스럽지 않았다. 홍성여고는 우리의 가치와 실천하고자 하는 협약이 있고, 서로의 협약을 존중하는 교육공동체가 있다.

[공간에서 흐르는 전통] 고교학점제와 관련하여 목련도서관 3~4층에 '스터디카페'를 구축하여 학습공간으로 활용하며, 급식실 위층에 학생자치 및 동아리를 위한 감성꿈틀 공간 '홍마루'를 갖추면서 '홍여울 카페'와 더불어 학생들의 다양한 활동 공간 및 쉼이 있는 공간이 확보되었다. 학생들의 꿈과 끼를 지원하는 홍성여고다운 변화다.

[홍성여고를 정의하면] 지금도 변하지 않은 것은 입시 위주 교육, 줄세우기식 평가로, 예전과 큰 변화가 없다. 일반고의 한계를 넘어설 수 없는 것도, 지역사회에서의 평판이 신경 쓰이는 것도 사실이나. 끊임없는 도전과 실천 속에 만들어진 홍성여고를 정의해보면

> '학생의 주도성을 키우는 학교, 학생이 잘할 수 있는 것을 찾아내고, 지원해 주는 학교, 행복이 꽃피는 학교', 이것을 가능케 하는 교직원!!

혁신 10년 차 새로운 1년 준비

혁신 10년 차, 마침보람이 있는 해다. 10년 여정을 마무리하는 1년은 혁신동행학교로 엉킴 없이 조화롭게 운영될 수 있는 비계(支架, scaffold)를 만드는 시기로 정의했다. 1년의 경험을 바탕으로 조금 더 조직화하고 분산

하는 시기가 되고 있다. '혁신학교'라서가 아니라 '학교'라면, '홍성여고'라면 온고지신(溫故知新)의 자세로 조화로운 성장을 이루어야 한다.

[새로운 슬로건으로 시작] 비전 '큰 꿈 꾸며 더불어 성장하는 행복한 학교'는 우리가 함께 추구해가는 모습이다. 몇 년간의 학교공간 사업으로 변화된 모습을 담고자 슬로건을 바꾸게 되었다. '빛나라! 꿈이 자라는 홍성여고! 빛!나!꿈!터!'

> **빛**나는 홍마루!
>   아이디어와 다양한 생각이 피어나는 열린 공간
> **나**를 찾는 배움터!
>   잠재력을 깨우고, 가능성을 키우는 맞춤형 교육과정
> **꿈**을 현실로!
>   도전과 협력 속에 성장하는 홍성여고 학생
> **터**를 닦는 선생님!
>   전문성으로 가르침을 실천하는 배움의 길잡이

학교만족도가 높은 공간들, 학생 중심 교육과정, 주도성을 배우고 발현하는 학생, 주도성을 장착한 교사. 학교라면 '빛!나!꿈!터!'여야 한다고 교육공동체는 인식하고 있다. 슬로건을 바탕으로 학교생활협약도 같은 방향으로 만들어지고 있다.

[업무분장 재구조화] 교무혁신부가 혁신학교 업무를 도맡다 보니 업무 과부하와 함께 교사들의 정신적·신체적 소진이 나타났다. 이를 개선하기 위해 혁신동행학교로 전환하는 과정에서 업무 체계를 재편하여 변화의 충격을 줄이고자 했다. 학생자치회 활동 지원은 학생자치부에서, 전문적 학습

공동체 운영은 교수학습지원부에서 담당하게 하고, 교무혁신부는 전체적인 지원 역할에 집중하게 했다.

[부서 간 칸막이] 업무부서 간, 업무부서와 학년부 간, 학년부 간 협력이 학교 운영의 조화를 만든다. 학년 초부터 부서 간 업무를 공유하며 협의하고 지원하고 있다. 중간 관리자로서 부장교사는 타 부서 업무를 이해하고, 함께 운영할 수 있는 생각나눔이 이루어지고 있다.

[진로 로드맵] 혁신학교 9년 차를 살아내면서 풍부한 프로그램과 이벤트로 학생들이 즐겁고 행복한 학교로 성장하고 있었다. 결이 비슷한 프로그램들은 묶어보고, 학년별로 차별화하여야 할 것을 찾아보고, 고등학교 3년간의 진로 설계와 연계하여 정리해보는 과정이 필요했다. 학년별 진로 단계에 따라 운영될 프로그램을 안내하고 있다.

[해결하지 못한 숙제 1] 학교혁신이 지속되려면 혁신의 동력이 되는 교사 양성이 우선 되어야 한다. 가을 단풍처럼 물들어가면 좋겠지만, 학교혁신에 대한 내면화와 전파 속도는 개인차가 있기에 함께할 교사를 양성하고, 동력을 발현할 수 있도록 지원해야 한다. 20여 명의 교사 인사이동으로 혁신학교를 함께 이끌어오던 교사들을 보내고 새롭게 시작하면서 잠시 주춤했지만, 숨어있는 보석 같은 분들이 보이기 시작했다. 그들이 홍성여고에서 선한 영향력을 발휘하도록 지원해야 한다.

[해결하지 못한 숙제 2] 학교협동조합 운영에서 교사의 업무를 대체할 인력을 구하지 못했다. 전년도에는 국가 근로 장학생을 배정받아 며칠이나마

홍여울 카페의 물품 정리, 청소, 자동판매기 물건 충전 등 업무지원을 받았으나 올해는 지원하는 학생이 없다 보니, 동아리 학생과 담당 교사 몫이 되었다. 매일 아침 이동식 카트로 물건을 나르고, 자동판매기를 채우는 교사의 뒷모습에서 자존감, 효능감을 높여주지 못해 미안함이 깊어진다.

여전히 홍여울은 흐르고

매년 학교 구성원의 33%는 바뀐다. 졸업하는 학생·학부모, 입학하는 학생·학부모, 인사 이동하는 교원. 학교도 33%씩 변화할 것이다. 변화 속에서도 바뀌지 않는 것은 무엇일까. 홍성여고는 학생을 중심에 두고 학생의 배움과 성장, 앎과 삶을 연결하는 학교 문화가 있다. 혁신학교 10년의 성과는 변화의 출발점이며, 가치는 변하지 않고 흐를 것이다.

주도성을 가지고 생활하는 학생도 있지만, 마음의 회복이 필요한 학생들, 자존감을 높여주어야 하는 학생들, 성공 경험을 쌓아가야 하는 학생들도 많다. 학생을 중심에 두고 학교교육과정을 운영하고, 학생자치를 더욱 높이고, 배움 중심 수업을 운영하고, 학생들의 주도성을 발휘할 수 있는 장을 함께 만들어가는 교사와 이를 지원하는 행정.

교장실 앞 소나무를 바라보며 '바람길'이라는 말을 되새겨본다. 한 해 전 가지치기 작업을 했어도 가지와 잎이 빽빽해 보인다. 아래를 살펴보면 누렇게 변한 나뭇잎이 많다. 적절한 가지치기로 바람길을 만들어 주면, 해충에 의한 피해가 적을 것이고, 광합성을 하는 데도 좋을 것이고, 뿌리에서 길어 올리는 양분도 골고루 풍족하게 쓸 수 있을 텐데… 학교는 어떤가? 학생들에게, 교직원에게 바람길은 무엇일까? 정답은 없겠지만 홍성여고 교육공동체는 함께 바람결에 실리듯, 앞으로의 역사를 서술해 갈 것이다.

홍성여고를 굳건하게 이끌고 가는 교직원과 학생 여러분께 감사드립니다. 학교 발전을 위해 지원하고 응원해주시는 학부모(보호자)님, 동창회, 지역사회에 깊은 감사의 마음을 전합니다.

마침보람, 그리고 때마침 홍성여고

김진호(교사, 2018~2020년, 2024년~현재)

'마침보람'. 주시경 선생이 한글 교육 현장에서 사용한, '끝마친 성취의 기쁨'을 담은 문구다. 성취를 인정하고 격려하는 데 쓰인 창의적인 우리말 표현이라고 한다.

아이들과 국어 수업을 함께하고 있지만 미처 알지 못했던 생소한 내용이다. 참신한 표현에 이끌렸다가, 단어에 담긴 의미를 곱씹어 보게 된다. 뭔가를 마무리하고 끝맺는 것, 그 자체만으로도 칭찬받아 마땅한데 거기에 '보람'까지 더해진다니. 문득 스스로를 돌아본다. 과연 나는 지금 어떤 일들을 계획해서 마무리하고 있으며, 어떤 보람들로 나를 채워가고 있는지. 한때는 한 달 뒤, 일 년 뒤의 모습을 기약하며 열심히 노력하던 때도 있었지만, 시간이 흐를수록 눈앞의 일들을 해결하고 감당하기에 급급해져 있었다. 어느새 딱히 보람이랄 것도 없고 오늘 하루도 잘 버텨냈다며 스스로를 달래고는 지쳐 누워버리는 나만 남아 있었다. 이런 나날이 얼마나 계속됐을까, 정신 차려 보니 혁신학교 10년의 '마침보람'을 찍는 기로에 덩그러니 서 있는 낯선 나를 찾을 수 있었다.

2024년 3월 1일, 인사 발령자 명단에서 내 이름을 확인했다. 발령지 '홍성여자고'. 이번 이동에는 홍성여고는 아닐 거라고 생각했는데, 무슨 인연인지 그렇게 홍성여고에서의 두 번째 근무가 시작되었다. 돌아온 홍성여고에서의 생활은 전과 다름없이 따뜻한 선생님들과 학생들 덕분에 금세 적응할 수 있었다. 이곳에서의 시간은 늘 웃음이 넘치고, 마음 기댈 수 있는 순간들로 가득했다.

2025년 새 학기를 맞으며 또 한 번의 변화가 찾아왔다. 교무혁신부에 합류하게 된 것이다. 홍성여고가 나에게 주는 의미와, 한 발 나아가고 싶은 마음에 용기인지 욕심인지 모를 결단이 서버렸다. 막상 저지르고 나니, 역량에 비해 큰 역할을 맡게 되어 마음이 무거워졌다. 사실 나는 '혁신'이라는 말과는 거리가 있는 사람이었다. '혁신'이라는 단어 자체가 주는 부담감, 그리고 왠지 거창하고 기존 틀을 깨뜨려야 할 것 같은 위압감에 쉽사리 다가가기 어려웠다.

그러나 2024년 3월을 앞둔 시점, 혁신학교 전입 교사 연수 자리에서 교무혁신부장 선생님 말씀이 마음을 다잡는 큰 계기가 되었다. "혁신이라는 것이 선생님들이 생각하시는 거창하고 부담스러운 변화를 의미하는 것이 아닙니다. 나 자신이 조금 더 고민하고 노력하는 작은 순간에서 충분히 시작될 수 있는 것이라 생각합니다." 이 한마디는 내가 '혁신적이지 않다'고 느끼며 오히려 '혁신'을 멀리하던 마음을 바꾸게 했다. 아이들을 위해, 학교를 위해, 그리고 나 자신을 위해 한 걸음 더 내딛는 마음과 고민 자체가 혁신임을 받아들이며, 학교생활을 편안한 마음으로 이어갈 수 있었다.

올해 교무혁신부에는 혁신학교 10년을 마무리하며 기록물을 만들어내는 새로운 역할이 주어졌다. 당연히 '혁신학교 10년 기록물' 편집은 겁부터 났다. 내가 과연 감당할 수 있는 일일까, 방향이나 제대로 잡을 수 있을까 걱정도 많았다. 처음엔 갈피를 잡지 못해 헤매는 날들이 이어졌지만, 다행히도 여러 학교의 사례와 선생님들의 경험이 든든한 이정표가 되어 주었다. 담당 장학사님과 인근 학교에서 기록물을 제작했던 선생님들의 조언도 큰 힘이 되었다. 무엇보다도 바쁜 일상 속에서도 기꺼이 이야기를 나눠주신 선생님들, 재학생과 졸업생, 학부모님과 지역 인사들 덕분에 학교와 교육공동체의 따뜻한 숨결을 고스란히 담을 수 있었다.

물론 이 책에 홍성여고 혁신학교 10년의 모든 시간을 온전히 담아낼 수는 없었다. 다만 내가 함께 지내며 보고 느낀 모습들, 그리고 여러 구성원이 전해주신 진솔한 이야기들을 중심으로 엮어 보았다. 학교 문화가 어떻게 자리 잡아 왔는지, 학생들이 어떻게 배움 속에서 자리를 넓혀갔는지, 마을과 지역이 학교와 어떻게 발맞춰 함께하고자 했는지. 그 흐름을 따라가다 보니, 결국 '여울'처럼 모이고 흘러간 발자취가 드러났다.

서툴고 어설펐지만 그래도 그만큼 마음을 많이 쏟았다. 평범한 학교 구성원의 눈으로 바라본 홍성여고의 10년을 담은 이야기들이 누군가에게는 추억을 떠올리는 계기가 되고, 또 다른 누군가에게는 작은 용기와 영감을 주었으면 한다. 책이 무사히 출간되어 내 손에 쥐어지는 그 순간에는, 나도 그동안의 짐을 내려놓고 함께하는 기쁨 — '마침보람'을 느껴보고 싶다.

지금 이 글을 누군가 보고 있다는 것은, 무사히 혁신학교 10년을 '마침보람'하여 홍여울 흐름 속에 쉼표 하나 잘 찍어두었다는 것 아닐까?

'어쩌다 보니'로 시작했지만, '때마침' 홍성여고였기에 가능했던 우리 이야기였음을 되새기며 글을 마친다.

* 본 기록물은 충남 혁신학교 기록물 지원 사업의 일환으로 제작되었으며, 발생한 수익은 학교 발전기금으로 사용합니다.

삶의 행복을 꿈꾸는 교육은
어디에서 오는가?

● **교육혁명을 앞당기는 배움책 이야기** 혁신교육의 철학과 잉걸진 미래를 만나다!

미래 100년을 향한 새로운 교육

● **비고츠키 선집 시리즈** 발달과 협력의 교육학 어떻게 읽을 것인가?

혁신학교	성열관·이순철 지음 l 224쪽 l 값 12,000원
행복한 혁신학교 만들기	초등교육과정연구모임 지음 l 264쪽 l 값 13,000원
서울형 혁신학교 이야기	이부영 지음 l 320쪽 l 값 15,000원
혁신교육, 철학을 만나다	브렌트 데이비스·데니스 수마라 지음 l 현인철·서용선 옮김 l 304쪽 l 값 15,000원
대한민국 교사, 어떻게 가르칠 것인가?	윤성관 지음 l 320쪽 l 값 15,000원
아이들을 어떻게 가르칠 것인가	사토 마나부 지음 l 박찬영 옮김 l 232쪽 l 값 13,000원
모두를 위한 국제이해교육	한국국제이해교육학회 지음 l 364쪽 l 값 16,000원
경쟁을 넘어 발달 교육으로	현광일 지음 l 288쪽 l 값 14,000원
혁신교육 존 듀이에게 묻다	서용선 지음 l 292쪽 l 값 16,000원
다시 읽는 조선 교육사	이만규 지음 l 750쪽 l 값 37,000원
교실 속으로 간 이해중심 교육과정	온정덕 외 지음 l 224쪽 l 값 13,000원
대한민국 교육혁명	교육혁명공동행동 연구위원회 지음 l 224쪽 l 값 12,000원
포스트 코로나 시대의 교육	성열관 외 지음 l 224쪽 l 값 15,000원
내일 수업 어떻게 하지?	아이함께 지음 l 300쪽 l 값 15,000원
핀란드 교육의 기적	한넬레 니에미 외 엮음 l 장수명 외 옮김 l 456쪽 l 값 23,000원
한국 교육의 현실과 전망	심성보 지음 l 724쪽 l 값 35,000원
독일의 학교교육	정기섭 지음 l 536쪽 l 값 29,000원
교실 속으로 간 이해중심 통합교육과정	온정덕 외 지음 l 224쪽 l 값 15,000원
초등 백워드 교육과정 설계와 실천 이야기	김병일 외 지음 l 352쪽 l 값 19,000원
학습격차 해소를 위한 새로운 도전 보편적 학습설계 수업	조윤정 외 지음 l 240쪽 l 값 15,000원

● 경쟁과 차별을 넘어 평등과 협력으로 미래를 열어가는 교육 대전환! 혁신교육 현장 필독서

학교의 미래, 전문적 학습공동체로 열다	새로운학교네트워크·오윤주 외 지음 l 276쪽 l 값 16,000원
마을교육공동체 생태적 의미와 실천	김용련 지음 l 256쪽 l 값 15,000원
학교폭력, 멈춰!	문재현 외 지음 l 348쪽 l 값 15,000원
학교를 살리는 회복적 생활교육	김민자·이순영·정선영 지음 l 256쪽 l 값 15,000원
삶의 시간을 잇는 문화예술교육	고영직 지음 l 292쪽 l 값 16,000원
미래교육을 디자인하는 학교교육과정	박승열 외 지음 l 348쪽 l 값 18,000원
코로나 시대, 마을교육공동체운동과 생태적 교육학	심성보 지음 l 280쪽 l 값 17,000원

참된 삶과 교육에 관한
생각 줍기

참된 삶과 교육에 관한
생각 줍기

참된 삶과 교육에 관한 생각 줍기

참된 삶과 교육에 관한 생각 줍기